# MIQUEIAS

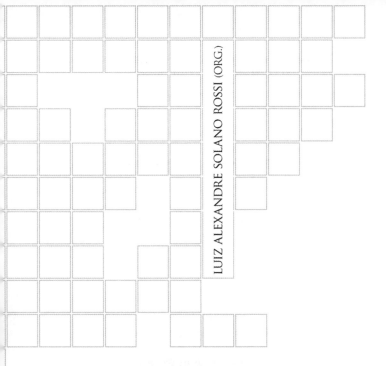

LUIZ ALEXANDRE SOLANO ROSSI (ORG.)

# MIQUEIAS

## Memórias libertadoras de um líder camponês

**Dados Internacionais de Catalogação na Publicação (CIP)**
**(Câmara Brasileira do Livro, SP, Brasil)**

Miqueias : memórias libertadoras de um líder camponês / Luiz Alexandre Solano Rossi, (org.). – São Paulo : Paulinas, 2016. – (Coleção pão da palavra)

Vários autores.
ISBN 978-85-356-4145-5

1. Bíblia. A.T. Miqueias - Comentários I. Rossi, Luiz Alexandre Solano. II. Série.

16-02816                          CDD-224.9307

**Índices para catálogo sistemático:**
1. Miqueias : Bíblia : Comentários     224.9307

1ª edição – 2016

| | |
|---:|:---|
| Direção-geral: | *Bernadete Boff* |
| Editora responsável: | *Vera Ivanise Bombonatto* |
| Copidesque: | *Ana Cecilia Mari* |
| Coordenação de revisão: | *Marina Mendonça* |
| Gerente de produção: | *Felício Calegaro Neto* |
| Capa e diagramação: | *Manuel Rebelato Miramontes* |

Nenhuma parte desta obra poderá ser reproduzida ou transmitida por qualquer forma e/ou quaisquer meios (eletrônico ou mecânico, incluindo fotocópia e gravação) ou arquivada em qualquer sistema ou banco de dados sem permissão escrita da Editora. Direitos reservados.

**Paulinas**

Rua Dona Inácia Uchoa, 62
04110-020 – São Paulo – SP (Brasil)
Tel.: (11) 2125-3500
http://www.paulinas.org.br – editora@paulinas.com.br
Telemarketing e SAC: 0800-7010081
© Pia Sociedade Filhas de São Paulo – São Paulo, 2016

# SUMÁRIO

APRESENTAÇÃO ........................................................................ 7

1. JERUSALÉM E SAMARIA: CIDADES QUE DEIXARAM O DIREITO E A JUSTIÇA PARA FORA DE SEUS MUROS
   MIQUEIAS 1,2-16 ................................................................ 9
   Luiz Alexandre Solano Rossi

2. CONTRA AQUELES QUE COBIÇAM E ROUBAM AS TERRAS
   MIQUEIAS 2,1-13 .............................................................. 24
   Flávio Henrique de Oliveira Silva

3. DENÚNCIA DOS CHEFES, MAGISTRADOS E AUTORIDADES RELIGIOSAS
   MIQUEIAS 3,1-12 .............................................................. 45
   Natalino das Neves

4. OS POBRES: "MEU POVO"
   MIQUEIAS 3,1-4
   Luiz José Dietrich ............................................................... 63

5. UM ANÚNCIO DE ESPERANÇA PARA SIÃO E JERUSALÉM
   MIQUEIAS 4,1-8 ................................................................ 84
   Ildo Perondi

6. DE BELÉM VIRÁ UMA ESPERANÇA
MIQUEIAS 5,1-3 ...................................................................100
Cristina Aleixo Simões
Patrícia Zaganin Rosa Martins

7. A PAZ MESSIÂNICA E O JULGAMENTO
IMPLACÁVEL DE DEUS
MIQUEIAS 5,4-14 ...............................................................112
Fabrizio Zandonadi Catenassi

8. UM PROCESSO CONTRA O POVO
E APELO À FIDELIDADE
MIQUEIAS 6,1-8 .................................................................136
Vicente Artuso

9. CONTRA OS RICOS QUE PRATICAM VIOLÊNCIA
E ROUBAM
MIQUEIAS 6,9-16 ...............................................................155
Daniel Vicente

# APRESENTAÇÃO

Os profetas têm hora e local. Em hipótese alguma se assemelham a pessoas alienadas da própria história em que vivem. Pulsa neles tanto o projeto de Javé – que apresenta a vocação de cada um deles encarnada na história – quanto a realidade cotidiana – que os desafiam a olhar e interpretar a realidade a partir dos espaços de periferia, e não dos espaços centrais. Vivem, portanto, uma espiritualidade encarnada e ativa. Não se veem neutros em relação aos conflitos que emergem por todos os cantos da sociedade em que vivem. Não somente interpretam a realidade a partir do projeto da Aliança como também procuram transformá-la.

O profeta Miqueias era um camponês e isso, certamente, lhe dava um lugar privilegiado para suas reflexões e apontamentos quanto às situações de injustiça instaladas no campo. Nos dias de Miqueias a atividade agrícola era uma grande fonte de recursos. A maioria das pessoas vivia direta ou indiretamente da produção de bens derivados do campo, isto é, a terra era fonte de sustento e sobrevivência. Mais do que isso, a terra era considerada "herança" dada por Deus e, por conta disso, a relação com ela não poderia ser comercial. Terra era dom, desafio e promessa de Deus!

*Miqueias: memórias libertadoras de um líder camponês* é um livro em forma de convite para que cada leitor se insira no mundo do profeta Miqueias e faça os caminhos dele em defesa dos mais fragilizados e sempre à procura de ações solidárias com aqueles que experimentam a violência e a opressão. Durante esse percurso, será sempre necessário nos perguntar como a mística profética se manifesta em nosso modo de ser e de viver como discípulo e missionário de Jesus Cristo.

A viagem pelo livro do profeta Miqueias é proporcionada pelo Grupo de Pesquisa Bíblia e Pastoral da PUC-PR, composto de professores, mestrandos e doutorandos em Bíblia, e tem por objetivo a leitura da Bíblia e posterior produção de textos a fim de fomentar uma pastoral libertadora, solidária e misericordiosa.

Numa sociedade marcada por feridas abertas que afetam a todos, principalmente os pequeninos de Jesus, desejamos que o compromisso de Miqueias com o projeto de Deus e com a solidariedade, junto aos fragilizados, renasça na vida e na prática de cada leitor.

CAPÍTULO 1

# JERUSALÉM E SAMARIA: CIDADES QUE DEIXARAM O DIREITO E A JUSTIÇA PARA FORA DE SEUS MUROS

## MIQUEIAS 1,2-16

*Luiz Alexandre Solano Rossi*[1]

Miqueias pode ser considerado um leitor da vida cotidiana e, por isso, consegue fazer uma análise crítica da realidade em que vivia. Após o ano 740 a.c., ele é capaz de perceber que o período de desenvolvimento econômico vivenciado até o momento, e que entrava em processo de declínio, favorecia somente a elite que morava nas cidades de Samaria e de Jerusalém. Ao entrar

---

[1] Professor de mestrado e doutorado em Teologia da PUC-PR e coordenador da graduação em Teologia da PUC-PR.

em cena, ele denuncia de forma veemente a injustiça, indicando que a situação desesperadora para os pobres não se devia apenas à guerra, mas, principalmente, à exploração que se havia tornado crônica e endêmica. Não é por menos que o livro do profeta é aberto com o anúncio solene da condenação das duas cidades rebeldes a Deus (MARTIN-ACHARD, p. 124). Porém, quando falamos em rebeldia, a que nos estamos referindo?

Precisamos, antes de mais nada, antecipar e compreender que o ambiente público é o local principal onde podemos perceber que a vocação profética para o direito e para a justiça dá testemunho da opção preferencial de Javé pela ordenação de uma comunidade fraterna. É importante sublinhar a posição de Sakenfeld (apud JENSEN, 2009, p. 102-103) de que justiça não representa algum padrão ético abstrato, mas, antes, exige que se pense a vida a partir das relações comunitárias: "retidão tem a ver com viver e agir de uma maneira apropriada para uma relação. Para os indivíduos, a retidão é uma função de suas muitas e mutáveis interconexões com os outros (...) e proporciona uma maneira de falar de toda a malha da sociedade, de sua estrutura subjacente". Portanto, não há espaço no conceito para o império do "eu", abrindo-se o espaço necessário para a implementação de relações comunitárias.

As palavras proféticas, nesse sentido, se referem a uma perspectiva pública e concreta de paz, de justiça, de segurança, de abundância e de não violência. Uma perspectiva que se contrapõe às práticas públicas do poder, principalmente quando elas não se configuram de acordo com o propósito de Deus. A fuga do concreto torna-se impossível no discurso profético. Trata-se, assim, de uma imagem completamente oposta àquela do século XIX e que, infelizmente, ainda persiste, a qual retratava os profetas como heróis "altamente espirituais, completamente alienados de seu tempo e totalmente sem um *background*" (GERSTENBERG, 2007, p. 195). Na leitura dos profetas, a fé deve ser experimentada como práxis na história e na sociedade, ou seja, fé e ação precisam se unir de modo satisfatório.

Na falta da justiça e do direito, a pobreza emerge de forma avassaladora. E a pobreza bíblica não deve, de forma alguma, ser considerada uma situação resultante de uma lei natural ou de vontade divina. Não é nem lei natural, nem fatalidade e muito menos doutrina teológica. Contrariamente a essa concepção, Deus assume a responsabilidade pelo bem-estar dos desprivilegiados. Para os profetas, a pobreza nunca foi compreendida como uma coisa neutra. E, da mesma forma, aos olhos deles Deus se jamais poderia revelar na história a partir da neutralidade. Profetas e Deus assumem posições favoráveis em meio às pessoas que vivem na e a partir da pobreza.

Na literatura bíblica, principalmente nos profetas, a pobreza é sentida e percebida como um escândalo intolerável e como resultado da violência e da injustiça (EPSZTEIN, 1990, p. 134). Nesse sentido, a opressão é considerada um pecado e insulto contra Deus e sujeita à punição (Lv 5,20-26; Dt 28,29; Sl 72,4; Pr 14,31; Is 10,1-2). Ampliando o tema da violência a partir da linguagem teológica, Moltmann (1999, p. 130) ajuda-nos a ratificar tal compreensão ao afirmar que "os atos de violência de seres humanos contra seres humanos e de seres humanos contra criaturas mais fracas devem ser considerados pecados e constituem um crime contra a vida". Gutierrez reforça essa compreensão ao dizer que a "pobreza é para a Bíblia um estado escandaloso, atentatório da dignidade humana e, por conseguinte, contrário à vontade de Deus" (1974, p. 369).

O alvo das denúncias do profeta Miqueias pode ser constatado em 1,2-9:

> Escutem, povos todos! Prestem atenção, ó terra e tudo o que a povoa! Do seu templo santo o Senhor Javé seja testemunha contra vocês. Olhem! Javé sai do seu lugar e desce, andando pelas alturas do país. Debaixo de seus pés as montanhas desmoronam, e os vales se derretem como cera junto ao fogo, como água que corre morro abaixo. Tudo isso por causa do crime de Jacó, por causa dos pecados da casa de Israel. Qual o crime da casa de Jacó? Não é Samaria? Quais são os lugares altos de Judá? Não é Jerusalém? Pois eu vou reduzir Samaria a uma ruína no meio do campo, num lugar para plantação de vinhedos; jogarei suas pedras no vale e porei seus alicerces a descoberto. Todos os seus ídolos serão destruídos e suas ofertas serão queimadas. Vou reduzir a pó suas imagens: dado que foram ajuntadas como paga de prostituição, em paga de prostituição elas vão se transformar. É por isso que eu bato no peito e gemo, que ando descalço e nu: uivo como os lobos, gemo como filhote de ema, pois a ferida de Judá não tem remédio, e chega até as portas do meu povo, até Jerusalém.

Sigo Zabatiero (1996, p. 37) ao indicar que estamos diante de um relato de teofania. Todavia, faz-se necessário tomar uma pequena precaução a fim de explicar a novidade proposta por Miqueias. A manifestação de Deus (teofania) é recorrente no Antigo Testamento.

Dois exemplos clássicos podem ser citados: o encontro de Moisés e Deus diante da sarça ardente (Ex 3,1-6) e o cântico de Débora (Jz 5) que se inicia com uma teofania expressa pelas seguintes palavras: "o Senhor que vem do Sinai". Costumeiramente, os relatos de teofania falam da ação de Deus para salvar seu povo. E aqui encontramos a novidade do profeta Miqueias: a palavra que surge no relato teofânico é para julgar o povo. Trata-se, portanto, de denúncia e de condenação.

Uma das palavras que sobressai na denúncia de Miqueias é "crime". Zabatiero (1996, p. 38) ajuda a esclarecer que "crime de Israel" diz respeito à Samaria e que "altos de Jacó" se refere a Jerusalém. Portanto, seria "uma forma usada para dizer que a causa do juízo de Javé se encontra na capital de cada reino". E, de certa forma, poderíamos acompanhar a compreensão de Martin-Achard, ao dizer que o profeta Miqueias "conhecia muito bem as autoridades civis e religiosas de Jerusalém, porque as julga com muita lucidez e com igual severidade" (1992, p. 122). Além disso, também é necessário salientar que Miqueias, mais do que conhecer as autoridades, conhece o projeto de Javé e, por conseguinte, fala em nome de Deus contra Samaria e Jerusalém (1,2-7; 3,1-4; 6,1-5). É relevante ressaltar que as informações apresentadas por Miqueias ao analisar as cidades de Samaria e de Jerusalém são de tipo político e social. A clara impressão é a de que "a corrupção impera por todas as partes" (SCHÖKEL, 1991, p. 1065).

A cidade de Samaria, de gloriosa formosura, esplêndida e rica (Is 28,1), mesmo sendo naturalmente protegida, pois ficava no alto de um monte e bem fortificada – o exército assírio levaria três anos para conquistá-la –, haveria de ser transformada num monte de entulho e completamente destruída (2Rs 17,5). Do mesmo modo, Jerusalém é descrita pelo profeta Isaías (1,21) como uma cidade fiel que se tornou prostituta porque deixou de praticar a justiça e o direito. Se, anteriormente, estava repleta de direito, agora suas ruas e casas estavam tomadas de criminosos. Hillers (1983, p. 15) reforça a tese de que em Mq 1,2-7 as cidades de Samaria e de Jerusalém são símbolos dos pecados dos dois reinos.

O profeta Miqueias não assume um ar de neutralidade diante daquilo que vê e constata. Não se percebe como uma pessoa impassível, fria e distante da realidade. É possível afirmar que no comportamento e na teologia dos profetas não há espaço para a neutralidade! Junto aos profetas sempre estamos acompanhados de uma teologia parcial e sempre dependente do momento. O discurso deles reage contra a consciência real porque seu hábitat natural é desde baixo, enquanto a consciência real vem desde cima, ou seja, do interior do palácio. Certamente, é por isso que Miqueias se sentia solidário com o sofrimento dos camponeses que eram tributados em seu trabalho, além de perderem a própria terra. Zabatiero (1996, p. 43) salienta a forte dose emocional da poesia de Miqueias ao, metaforicamente, assim se expressar: "bato no peito e gemo, ando descalço e nu. Uivo como os lobos, gemo como os filhotes de ema (1,8)". E acrescenta (1996, p. 43): "O choro do profeta é uma expressão de sua solidariedade com o povo vitimizado pelo exército invasor".

É preciso salientar que não é privilégio de Miqueias a crítica às cidades. Certamente que isso significa que ele não é uma voz isolada a clamar no deserto. Abaixo cito a percepção de outros profetas:

– "Como se transformou em prostituta a cidade fiel. Antes era cheia de direito, e nela morava a justiça; agora está cheia de criminosos! A sua prata se tornou lixo, o seu vinho ficou aguado. Os seus chefes são bandidos, cúmplices de ladrões: todos eles gostam de suborno, correm atrás de presentes; não fazem justiça ao órfão, e a causa da viúva não chega até eles" (Is 1,21-23).

– "Ai daqueles que juntam casa a casa e emendam campo a campo, até que não sobre mais espaço e sejam os únicos habitantes no meio do país. Javé dos exércitos jurou no meu ouvido: suas muitas casas serão arrasadas, seus palácios luxuosos ficarão desabitados; um alqueire de videira dará apenas um barril, e dez medidas de semente produzirão uma só" (Is 5,8-10).

– "Escutem esta palavra, vacas de Basã, que moram no monte de Samaria: vocês que oprimem os fracos, maltratam os necessitados, e dizem a seus maridos: 'Tragam algo para beber'. O Senhor jura por sua santidade que para vocês há de chegar o dia em que serão carregadas com ganchos e seus filhos com arpões. Terão que passar, uma após a outra, pela brecha da muralha, e para o Hermon serão levadas – oráculo de Javé" (Am 4,1-3).

– "Ai de quem ajunta dinheiro injusto em sua casa, para colocar bem alto o seu ninho, tentando fugir das garras da desgraça (...) Ai de quem constrói com sangue uma cidade e com crime funda uma capital" (Hab 2,9.12).

Há nos textos bíblicos uma tendência contrária à cidade, por causa da associação entre monarquia e cidade, sendo vista a cidade monárquica como traição do ideal de Israel tribal. Cidade, em Israel, é associada a palácio, templo, impostos e monarquia, com ilustração bem clara no período de Salomão (ROSSI, 1992). Reconhecidamente, a cidade produz civilização, mas ela sobrevive da exploração do campo. Se, por um lado, ela domina o campo, por outro, torna-se dependente da produção que suga dele. Tem sido comum a visão teológica que vê a cidade como fonte de pecado, violência, corrupção, paganismo e imoralidade.

A monarquia de Israel, à imitação das demais monarquias circunvizinhas, reforçou a imagem do rei como referência do poder, ligado a Deus, à religião ou ao sagrado. O rei chegou até mesmo a ser o representante direto de Deus. Além de espoliar a produção do campo, a monarquia, no caso, vai prender Javé dentro dos muros do templo. Basta lembrar que, para palácio e templo, a língua hebraica não possui dois sinônimos, mas uma mesma palavra (ROSSI, 1992, p. 11)

Dentre os mecanismos que a cidade utiliza para explorar o campo, destacam-se o tributo e a corveia. O mecanismo central do conflito é, de fato, o tributo. O tributo consiste no pagamento de um imposto em produtos, feito pelos camponeses à cidade. Consiste também em trabalhos forçados, convocados compulsoriamente e conhecidos como corveia. A cidade cobrava uma porcentagem sobre colheitas, animais, artesanato e outros produtos, avançando, com frequência, sobre o estritamente necessário para a sobrevivência das famílias. O pagamento do tributo era assegurado através do exército, que controlava o cumprimento da lei, e através da religião, que legitimava essa prática por meio dos sacerdotes e profetas do templo (REIMER, 1997, p. 108).

Miqueias está atento a todas essas situações e, por conta disso, atribui um grau de extrema importância às cidades de Jerusalém e Samaria e ao fenômeno da opressão. A gravidade é de tal proporção que não basta que desapareçam os culpados, também as capitais devem ser eliminadas. Rossi (1992, p. 9) esclarece indicando que havia uma forte relação entre cidade e realeza. As duas se completavam e havia uma forte relação de dependência entre uma e outra. Tanto uma quanto outra "formam um cinturão que permite aos que estão dentro desfrutar do poder político financeiro e da força militar". Percebe-se, portanto, que cidade e realeza funcionavam como se fossem um binômio de opressão e que esse funcionamento acontecia a partir de interesses muito bem determinados.

É possível afirmar que, para o profeta Miqueias, aqueles que odiavam o direito e que pervertiam o que era reto se encontravam nas cidades e se preocupavam com seu bem-estar (é claro que o bem-estar das cidades significava, por sua vez, o bem-estar de cada um daqueles que exerciam algum tipo de poder). De certa forma, é correto afirmar que Miqueias não pertencia, à primeira vista, ao grupo que rezava o Sl 122. Um salmo que se apresenta sem qualquer possibilidade de análise crítica e que, por outro lado, faz apologia à cidade de Jerusalém. Eis o Sl 122: "'Que alegria quando me disseram vamos à casa do Senhor'. Já estão pisando nossos pés teus umbrais, Jerusalém. Jerusalém está bem construída como cidade bem traçada. Nela estão os tribunais de justiça, no palácio de Davi. Desejai paz a Jerusalém: os que te querem vivam tranquilos, haja paz dentro de teus muros, tranquilidade em teus palácios. Em nome de meus irmãos e companheiros, saúdo-te com a paz; pela casa do Senhor, nosso Deus, desejo-te todo bem".

A percepção de Sicre (1990, p. 392) é fundamental ao afirmar que Miqueias "não ama Jerusalém, nem seus edifícios nem seu progresso. Não acredita em seus tribunais de justiça. Não se sente contente em estar na cidade. Não deseja sua paz". Qual seria a razão? Possivelmente porque a prosperidade e o progresso da cidade eram construídos a partir do corpo de centenas de vítimas. A prosperidade interna das cidades camuflava a pobreza externa e os muros das cidades demarcavam decididamente a fronteira entre o centro e a periferia.

Utilizo o esquema *centro-periferia* como um meio de iluminar a realidade conceitual que procuro explicar. Enquanto as pessoas que vivem dentro dos limites da cidade aproveitam a vida em toda a sua riqueza, as pessoas que vivem no interior da periferia ou em suas fronteiras experimentam a realidade como *mundo inverso*. O esquema centro-periferia é inerentemente especial em sua organização e dá primazia ao centro em detrimento da periferia. Ele contém um limite bem preciso entre o que pertence àquilo que está dentro e o que está do lado de fora. A base especial fornece uma estrutura cognitiva capaz de classificar a distância conceitual e de percepção, orientando do mais distante para o mais próximo e do menos importante para o importante. No esquema centro-periferia, o centro é a concentração do essencial, do aceitável, do apropriado e do sagrado, enquanto o insignificante, ofensivo e impuro é empurrado para a periferia. Periferia tanto geográfica quanto dos sujeitos que a compõem.

Pessoas que vivem na periferia não pertencem ao círculo interno e são, portanto, consideradas inferiores (sempre num processo que as levam à inferiorização e desumanização). Viver na periferia gera um sentimento de insegurança porque o centro é associado com a harmonia e a periferia com o caos. Visto que toda sociedade tem um centro, o fato de ser membro de uma sociedade, num sentido mais amplo, de estar localizado no limite de um território e de um ambiente afetado por outras pessoas localizadas no mesmo território, é constituído pelo relacionamento com esta zona central. O centro se apresenta, portanto, como a ordem dos símbolos, valores e crenças que governam e estruturam hierarquicamente a sociedade; uma estrutura de atividades, de papéis e de pessoas, dentro de uma rede de instituições.

Tebes (2008, p. 153) descreve a relação desigual de forças entre centro e periferia da seguinte forma:

> O eixo central do modelo centro e periferia se fundamenta na tese de que o subdesenvolvimento das periferias é resultado de sua relação com o centro e vice-versa. Nesse sentido, a posição de um não pode ser entendida sem relação com o outro. Os centros são áreas que controlam formas produtivas e de organização do trabalho mais desenvolvidas tecnologicamente, assim como uma hegemonia política e ideológica para impor seus interesses. As periferias possuem formas produtivas e laborais pouco complexas e se acham em uma posição de inferioridade política em relação ao centro.

É possível, pois, afirmar que o normal funcionamento dos centros depende, em grande medida, do normal funcionamento de sua relação desigual com suas periferias. A relação é de extração do excedente produzido pela periferia para atender as exigências do centro. Na verdade, o que se extrai da periferia não é necessariamente o excedente, mas, sim, o necessário para a sua sobrevivência. De certa forma, a extração dos recursos da periferia significaria a inviabilização da vida na periferia. A cidade poderia ser considerada o "lugar geométrico da injustiça" (LOPES, 2009, p. 39), isto é, um ambiente espacialmente construído e alimentado para facilitar o planejamento e a prática da injustiça. Na cidade a exploração tornar-se-ia mais violenta e as diferenças de nível social se apresentariam de maneira mais drástica.

Wilson (1993) também utiliza os conceitos de centro e de periferia a fim de interpretar o movimento profético. Haveria, segundo ele, dois tipos de mediadores de acordo com sua localização espacial. Na periferia, local privilegiado da insatisfação advinda das práticas da injustiça e da discriminação, os grupos que aí se localizam sentem com mais pressão a forma concreta do poder desde cima. Todavia, no centro do poder, possivelmente deveríamos encontrar aqueles que apoiam o sistema no qual atuam. Mas é exatamente desde o mundo invertido que vem a boa-nova para os pobres.

Quais crimes e seus consequentes criminosos se encontram nas cidades? Miqueias, ao contrário de todos aqueles que gostariam de apresentar Jerusalém como o modelo mais bem-acabado de "cidade maravilhosa", mostra o reverso da medalha e lança luz sobre a verdadeira aparência da cidade (nesse sentido, posteriormente, Jesus se juntará à essa mesma percepção):

– a liderança política e religiosa da cidade não mais cumpria com suas obrigações. A maneira correta do exercício de suas funções era deixada de lado e, com isso, a edificação de uma cidade justa ficava cada vez mais distante.

– os juízes haviam se corrompido para dar sentenças injustas e legitimar as ações dos violentos (Mq 3,1-4);

– os profetas e sacerdotes mercenários abandonaram o projeto da libertação (Mq 2,6-13).

– a busca desenfreada pelo dinheiro fazia parte das ações corriqueiras da vida e ninguém ficava de fora: "Seus chefes julgam por suborno, seus sacerdotes pregam a soldo, seus profetas adivinham por dinheiro" (Mq 3,11).

– planejamento orquestrado da injustiça, acumulação e monopólio de terras e casas que destruíam a ordem econômica e social (Mq 2,1-5);

– os líderes políticos edificavam Jerusalém com sangue (Mq 3,9-12);

– a teologia era construída para legitimar os que produziam a violência (Mq 2,6-13);

– as mulheres, provavelmente viúvas, perdiam suas casas e as crianças ficavam sem teto por conta da acumulação de terras (Mq 2,8-9); tirar deles a glória poderia significar "reduzi-los à escravidão" (SCHÖKEL, 1991, p. 1081);

– os comerciantes falseavam pesos e medidas (Mq 6,9-11);

– na cidade de Deus, tudo se vendia e se comprava. Tudo tinha um preço, inclusive os profetas, os magistrados e os sacerdotes;

– a violência era tanta que se chegava à prática de uma espécie de canibalismo das pessoas mais fracas e empobrecidas (Mq 3,3);

– os ricos estavam cheios de atos de violência (Mq 3,9);

– a riqueza era conquista via exploração (Mq 6,12);

– na liderança que provoca a violência e a opressão não há a mínima possibilidade de encontrar algum bem, como ironicamente se refere o profeta: "o melhor deles é como o espinheiro, o mais correto deles parece uma cerca de espinhos" (Mq 7,4).

## CONCLUSÃO

A expectativa de Miqueias é a de uma sociedade fundamentada na prática da justiça, isto é, na preservação e na promoção de ordenamentos sociais que são vitalmente necessários para a comunidade. No entanto, o que ele constata é uma sociedade construída a partir de privilégios de alguns em detrimento da pobreza de todos os outros.

Jerusalém e Samaria perderam o brilho porque deixaram de fomentar a justiça e o direito dentro de seus muros. Nas cidades fabricavam-se a morte e a violência. E onde há morte e violência, Javé não pode estar presente!

## REFERÊNCIAS

EPSZTEIN, L. *A justiça social no antigo Oriente Próximo e o povo da Bíblia*. São Paulo: Paulinas, 1990.

GERSTENBERGER, E. *Teologias no Antigo Testamento*. São Leopoldo: Sinodal, 2007.

GUTIERREZ, G. *Teología de la liberación*. Salamanca: Sígueme, 1974.

HILLERS, Delbert, R. *A Commentary on the Book of the Prophet Micah*. Philadelphia: Fortress Press, 1983.

JENSEN, J. *Dimensões éticas dos profetas*. São Paulo: Loyola, 2009.

KOCH, Klaus. *The Prophets:* The Assyrian Period. Philadelphia: Fortress Press, 1983.

LOPES, Hernandes D. *Miqueias*: a justiça e a misericórdia de Deus. São Paulo: Hagnos, 2009.

MARTIN-ACHARD, R. Miqueias. In: *Os profetas e os livros proféticos*. São Paulo: Paulinas, 1992.

MOLTMANN, J. *God for a secular society*: the public relevance of theology. Minneapolis: Fortress Press, 1999.

REIMER, H. Ruína e organização. O conflito campo-cidade em Miqueias. *RIBLA*, Petrópolis, n. 26, p. 99-109, 1997.

ROSSI, Luiz Alexandre S. A importância da cidade para a realeza. *Estudos Bíblicos*, 36. Petrópolis: Vozes, 1992.

SCHÖKEL, Luis A.; DIAZ, José L. S. *Profetas II*. São Paulo: Paulus, 1991.

SICRE, José L. *A justiça social nos profetas*. São Paulo: Paulinas, 1990.

TEBES, J. M. *Centro y periferia en el mundo antiguo*. Buenos Aires: Universidad Católica Argentina, 2008.

ZABATIERO, Júlio P.T. *Miqueias*: voz dos sem-terra. Petrópolis: Vozes, 1996.

WILSON, R. R. *Profecia e sociedade no antigo Israel*. São Paulo: Paulinas, 1993.

CAPÍTULO 2

# CONTRA AQUELES QUE COBIÇAM E ROUBAM AS TERRAS

## MIQUEIAS 2,1-13

*Flávio Henrique de Oliveira Silva*[1]

Na atualidade, em alguns movimentos de tradição cristã, a leitura da Bíblia tem sofrido com a tendência à espiritualização e conceituações de temas que, na verdade, deveriam ser lidos e interpretados de forma ampla, já que enfatizam, a partir da fé, aspectos sociais, econômicos, políticos, entre outros. Essa precipitação tende a: (1) olhar com subjetividade temas que não o são; (2) dicotomizar a prática da espiritualidade das

---

[1] Professor na Faculdade Teológica Sul Americana/Londrina. Doutorando em Teologia na PUC-PR.

demais áreas da vida, tratando a mesma como elemento privado, de foro íntimo, sem contribuições ou conexões com as demais esferas da vida; (3) legitimar a criação de teorias e comportamentos que distorcem paradigmas fundamentais e não contribuem para o desenvolvimento da identidade de uma comunidade de fé, legitimamente cristã; (4) comprometer a fé, em sua integralidade; (5) restringir o entendimento acerca da ação salvífica de Deus no curso da história.

Esta breve constatação pode ser observada na literatura profética, onde talvez se aplique de forma ainda mais acentuada. Não é difícil encontrar, entre o povo de Deus, a noção de que os profetas foram uma espécie de teóricos da religião, preocupados em formular sistemas teológicos especulativos, a partir da leitura que faziam da realidade. Ou, ainda, a interpretação de que seus discursos propunham a construção de uma caminhada de fé privada, intimista, e, como dissemos anteriormente, divorciada das demais questões que envolviam a vida de seus contemporâneos.

Uma leitura bíblico-contextual mais detalhada pode apontar para um discurso de contraposição ao reducionismo encontrado nesse tipo de abordagem. No decorrer deste capítulo isso deve ficar mais evidente. Por enquanto, vale observar alguns indícios descritos de Mazzarolo (2007, p. 13-23). Para esse autor, o profeta, por exemplo, era: (1) "Um arauto da justiça – a justiça, segundo apregoam, não é um valor abstrato, exterior à vida real, fora da sociedade; (2) a consciência da cidadania e direitos sociais em nome da fé; (3) a consciência e o discernimento da dignidade do ser humano".

No discurso do profeta havia a certeza de que "crimes sociais são pecados religiosos". Por isso, "denunciavam as injustiças sociais e as opressões, apelavam para a construção de uma sociedade justa e fraterna [...] contestavam a sociedade acusando-a de destruir os fundamentos da vivência humana". Partilhando da mesma tese, Milton Schwantes destaca que:

> Profetas têm hora e local. Sua atuação é concreta. Está relacionada a certo momento, a certas pessoas, a certas estruturas. Não é, pois, o discurso genérico o que os caracteriza. E nem são defensores de doutrinarismos. São intérpretes da história. São leitores da vida do povo. Através de seus gestos e de suas palavras, a história se torna transparente (SCHWANTES, 2010, p. 1).

Essa parece ser a chave de leitura mais adequada para os textos que compõem a literatura profética. A profecia, segundo Hahn (1996, p. 9), deve ser compreendida "como palavra situada em um contexto histórico específico; e como palavra produzida e articulada por um sujeito histórico coletivo, num movimento inspirado desde uma indignação, a que se converte e converge em resistência organizada, apontando uma utopia".

Pois bem, estas perspectivas estão em perfeita harmonia com o profeta Miqueias. Como leitor e intérprete da própria realidade, seu ministério nasce a partir das crises que se instalavam no cotidiano e da precariedade de vida imposta pelos poderosos. Seu ministério tinha um caráter público. Isso não quer dizer que a fé era deixada de lado, como elemento significativo apenas em celebrações litúrgicas e nos espaços exclusivos para o culto. Pelo contrário, era exatamente a fé que lançava luz sobre as demais questões da vida. Era a fé que o alertava a respeito do abismo entre o projeto revelado de Iahweh, na constituição de seu povo no deserto, e o momento de vulnerabilidade que estavam vivendo seus irmãos.

O discurso do profeta revela compromissos com as causas de Iahweh, na medida em que se coloca em favor dos indefesos, vítimas do sistema vigente. Miqueias entendia que a prática da justiça, por exemplo, era fundamental e deveria ser o referencial para o estabelecimento das relações e das estruturas sociais. Quando a justiça era, então, negligenciada, e havia a tentativa da legitimação de tais práticas através da religião institucionalizada e dos profetas do palácio, coube ao profeta se levantar em nome de Iahweh – o protetor da justiça (um dos pilares da fé em Israel) – e denunciar esse estado de coisas.

Miqueias profetizou em Judá, no último quarto do século VIII (725-700). O Império Assírio era, provavelmente, a grande potência mundial da época. A partir de estratégicas expansionistas, os assírios exerciam domínio sobre outros regiões e povos, inclusive sobre Judá. Eles obtinham suas conquistas e estabeleciam suas formas de governo através da força, com métodos de violência e imposição – violência (*hamas:* "injustiça") e imperialismo, aliás, são movimentos quase indissociáveis e estão presentes nos regimes imperiais desde a antiguidade.

Os assírios condenavam os povos dominados e são lembrados pela exploração, abuso de poder, extorsão e capacidade de fazer vítimas. É preciso observar que essa violência não era apenas física. Quando a justiça e a igualdade entre semelhantes são o referencial, facilmente se percebe outras formas de violação. Eles cruzavam todas as fronteiras e passavam a ditar as regras sobre questões políticas, econômicas, religiosas e ideológicas, comprometendo, assim, a identidade das nações conquistadas e violando/violentando seus direitos.

Em Judá, certas implicações opressoras da invasão assíria, especialmente para o campesinato, não foram exatamente uma novidade. Judá já praticava uma política opressora, fundamentada pelo desejo de enriquecimento e controle ilícitos. Os camponeses reagiam timidamente – pela falta de condições para tanto – às imposições dessa política e, claro, sofriam muitas retaliações. Além do reino de Judá, a elite, instalada nas cidades, tirava proveito da situação participando diretamente da extorsão promovida contra os menos favorecidos. Lopes (2010, p. 53) destaca que "a crise sempre interessa a um grupo corrupto e inescrupuloso". Sendo assim, as elites,

> aproveitavam-se de um clima de instabilidade social perante a presença dos dominadores assírios para interferir negativamente nas relações de propriedade das famílias camponesas. Isto pode dar-se com o recrutamento de homens e também de mulheres para trabalhos forçados, em consequência do que muitos devem ter perdido a sua vida (REIMER, 1997, p. 104).

O método adotado se assemelhava ao padrão administrativo imperialista. Isto é, de forma arquitetada, exploravam, extorquiam, abusavam do poder e da manipulação ideológica para alcançar seus objetivos. Tais práticas podem ser resumidas como manifestação e desencadeamento de um desejo egoísta de ter mais poder do que o outro e ter o que é do outro, transformando-o em sua vítima.

As considerações feitas até aqui ajudam a perceber o contexto que justifica a denúncia de Miqueias no capítulo 2,1-13. Logo no início do texto já é possível perceber que os que detêm o poder em suas mãos (Estado e as elites) – isto é, os que planejam e praticam crimes – estão sendo denunciados pelo profeta, já que são movidos pelo desejo de acúmulo através de práticas de extorsão contra os camponeses. O texto diz: "Ai daqueles que planejam iniquidade e que tramam o mal em seus leitos! Ao amanhecer, eles o praticam, porque está no poder de sua mão. Se cobiçam campos, eles os roubam, se casas, eles as tomam; oprimem o varão e sua casa, o homem e sua herança" (Mq 2,1-3).

Antes de me concentrar, de forma mais detalhada, nos denunciados e em suas estratégias, quero destacar a temática da terra, por entender sua importância nesse texto-contexto.[2]

O profeta Miqueias era um camponês e isso, certamente, lhe dava um lugar privilegiado para suas reflexões e apontamentos quanto à situação instalada no campo. Nos dias de Miqueias a atividade agrícola era uma grande fonte de recursos. A maioria das pessoas vivia direta ou indiretamente da produção de bens derivados do campo, isto é, a terra era fonte de sustento e sobrevivência. Era sinônimo da possibilidade de uma vida promissora e da garantia de valores morais atrelados à liberdade, honra, identidade e dignidade. Mencionando

---

[2] Brueggemann (1986, p. 14) vai além. Ele entende que "a terra é o tema central da fé bíblica". E que "poderia ser um meio de organizar a teologia bíblica".

um período posterior (séc. I d.C.), mas com algumas semelhanças estruturais, Gallardo (1997, p. 44) destaca que "a posse da terra é [sempre foi] fundamental para a existência do povo. [...] Em torno dela [o povo] forja sua identidade como povo irmanado na igualdade de um direito compartilhado sobre uma terra comum dada por Iahweh a todos por igual".

Além do sustento, a terra era dom de Deus, herança do Senhor.[3] Era um sinal da Aliança, da promessa e sinônimo da bênção de Iahweh, que na constituição de seu povo, após a saída do Egito, prometeu uma terra para sobrevivência e para criação de uma dinâmica sociorrelacional harmônica, solidária, de igualdade e paz entre o povo. Isso indica, portanto, que não se tratava apenas de um espaço físico. Antes, porém, tinha um valor simbólico. Este valor, todavia, não deve ser admitido a partir de construções espiritualizantes, mas, como bem define Brueggemann (1986, p. 13), de significados sociais derivados de experiências históricas. Na Bíblia, segundo este autor, a terra é empregada "para expressar a totalidade de alegria e bem-estar caracterizados pela coerência social e pela tranquilidade pessoal na prosperidade, segurança e liberdade".

Ao observar a narrativa bíblica de 1Rs 21,1-4, como exemplo, é possível constatar o valor da terra, na perspectiva de herança. O rei Acab faz a seguinte proposta a Nabot: "Cede-me tua vinha, para que eu a transforme numa horta, já que ela está situada junto ao meu palácio; em troca te darei uma vinha melhor, ou se preferires,

---

[3] É o que indicam vários textos do Pentateuco, como, por exemplo: Gn 15,7; Ex 6,4; Lv 20,24; Nm 26,53; Dt 1,25.

pagarei em dinheiro o seu valor". Nabot, então, responde: "Iahweh me livre de ceder-te a herança dos meus pais!". Ao comentar o texto, Brueggemann (1986, p. 134) argumenta: "Acab considera a terra como mercadoria negociável [...] Em contraste, para Nabot a terra não é mercadoria negociável, mas sim herança inalienável".

Sem levar tais preceitos em consideração, aqueles que foram denunciados por Miqueias, isto é, o Estado e as elites, voltaram sua atenção para o campo, já que era de lá que surgiam as receitas necessárias para seus projetos de expansão, enriquecimento, acúmulo e poder. Estes, custeados graças à exploração de recursos naturais e humanos advindos do campo. Com isso, dá-se o início de um conflito entre o campo e a cidade, já que até então a produção do campo destinava-se ao consumo do próprio produtor e, claro, de seus dependentes.

Para a garantia de seus projetos, a medida encontrada pelos poderosos foi a de superfaturar os impostos sobre o campo. Impostos sobre a posse da terra e também sobre os produtos colhidos. A exploração da terra e o que nela se produzia e a exploração sobre quem produzia tiveram efeitos mais profundos do que se imaginava. Afetou toda a estrutura estabelecida e valorizada pelo povo de Deus desde os tempos de sua origem. Valores estes baseados no código da Aliança que previa, por exemplo, que todos deveriam ter acesso aos recursos básicos para sobrevivência e que o excedente deveria ser partilhado e jamais acumulado e muito menos roubado.

Entre esses valores, referindo-se ao período tribal como parâmetro, Ceresko (1996, p. 109) destaca a proibição do empréstimo a juros. Ele explica que "se uma família ou uma aldeia, por exemplo, sofresse a perda de uma colheita devido ao mau tempo, os outros membros do clã eram obrigados a vir em seu auxílio com doações ou empréstimos sem juros".

Outro valor estabelecido se referia ao acúmulo. Estruturas que valorizavam qualquer tentativa de acúmulo econômico deveriam ser combatidas. O objetivo era evitar a exploração e priorizar a igualdade. Zabatiero (1996, p. 55) defende que a acumulação de terras "além de romper a ética comunitária, também viola os direitos de propriedade estabelecidos desde os princípios tribais de Israel. A herança de cada família, direito de propriedade sagrado na organização tribal, é vista apenas como objeto de lucro pelos poderosos". Ceresko (1996, p. 109) compartilha desse conceito e fundamenta sua tese no texto bíblico de Ex 20,17, sobre a cobiça à casa, aos bens e à mulher do próximo. Para o autor:

> Não cobiçarás a casa do teu próximo tinha por finalidade principalmente desencorajar o acúmulo de casas por um indivíduo ou grupo. Não cobiçarás a casa do teu próximo, quer dizer, nem mesmo acalentarás no coração o desejo de tomar e acumular propriedades pela vontade de possuir mais e além do que é preciso para oferecer a você e a sua família o basicamente necessário para uma vida satisfatória e produtiva.

A partir desta perspectiva, é possível perceber que a denúncia contra os que acumulam e roubam as terras estava fundamentada no não cumprimento desse mandamento. Michael Goheen, em suas pesquisas sobre o surgimento do povo de Deus e as leis socioeconômicas que lhes foram dadas, traz outras questões e textos à discussão:

> A terra não deve ser permanentemente vendida. Por isso, cada família recebe capital gerador de riqueza e desse modo é protegida da pobreza crônica. Caso uma família enfrente dificuldades e venda a propriedade, esta terá de ser devolvida no Ano do Jubileu.[4] O acúmulo de terras ou a busca de quaisquer posses à custa de outro são estritamente proibidos: "Não cobiçaras" (Dt 5,21). A posse de toda terra era de Javé, e esta era a base para essas leis: "Não se venderão terras em definitivo, porque a terra é minha" – Lv 25,23 (GOHEEN, 2014, p. 62).

Os camponeses não conseguiram arcar com as altas taxas tributárias. Reimer (1997, p. 108) explica que os tributos eram repassados em espécie, "mas também sob a forma de trabalhos forçados (corveia)". É preciso salientar também que "a maioria produtiva tinha a obrigação de entregar uma parte considerável da produção. Esta parte nem sempre se limita ao excedente, às sobras, mas retira-se do necessário para uma vida digna". A partir desta realidade, os camponeses viam-se obrigados a recorrer a empréstimos com juros descomunais. Tais empréstimos estavam disponíveis na medida em que hipotecavam suas terras, sua única fonte de sobrevivência, como garantia de pagamento. Não demorou muito até que o campesinato entrasse em crise, desencadeando uma série de

---

[4] Ano do Jubileu: "de cinquenta em cinquenta anos, permitia a cada israelita retornar para sua propriedade e retornar para sua família (cf. Lv 25,10). Dessa forma, as terras ancestrais deviam ser devolvidas e as famílias restauradas sobre a terra" (MALINA, 2004, p. 113).

processos contra sua integridade e liberdade. Não se passou muito tempo e os camponeses foram à falência entregando suas terras. Não só as terras: "as suas dívidas eram cobradas com extremo rigor, a ponto de as próprias vestes serem penhoradas, uma clara violação do direito popular e demonstração do poder dos denunciados" (ZABATIERO, 1996, p. 61).

O ciclo no qual se encontrava o camponês era: injustiça, exploração, falência, escravidão, pobreza. Isto prova que nos dias de Miqueias os princípios legais, reguladores da vida em sociedade, sobretudo em relação à terra, estavam totalmente abandonados. Zabatiero (1996, p. 54) esclarece que "Miqueias interpreta essa situação como 'opressão'. Em sua análise, o autor destaca que "o verbo hebraico usado aqui é um dos vários termos hebraicos para a 'opressão', frequentemente usado junto com o verbo roubar, e indica um processo de extorsão, de aquisição ilegítima de um bem com o uso da força".

Desencorajados e falidos, pouco a pouco, os camponeses abandonavam suas terras e se estabeleciam nos grandes centros urbanos – onde caíam em mendicância – ou se tornavam escravos nas terras que outrora foram suas. Entre outros desdobramentos do problema, a miséria, certamente, aparece como a pior situação imaginável. Perdiam campos, casas e herança, conforme indica o texto bíblico: "Se cobiçam campos, eles os roubam, se casas, eles as tomam; oprimem o varão e sua casa, o homem e sua herança".

A vida de miséria que os camponeses passaram a levar contrastava radicalmente com o quadro de progresso e prosperidade das cidades, graças à produção agrícola. Havia, portanto, um conflito instalado entre cidade e campo, já que a cidade dependia da produção vinda do campo para o sustento de projetos questionáveis, considerando-se a justiça e o direito como parâmetros de análise. É preciso destacar que na antiguidade, em quase todas as sociedades, se acreditava que os bens eram limitados conforme princípios de igualdade. Sendo assim, o progresso da cidade, certamente, só era possível mediante prejuízo para o campo – perspectiva que se aplicava perfeitamente ao contexto de Miqueias.

A estratégia dos denunciados era, basicamente, a apropriação das terras dos camponeses endividados; aqueles que não conseguiam arcar com as despesas tributárias estabelecidas pelos poderosos. "Os ricos estavam usando de expedientes violentos para saquear os bens dos pobres [...] A riqueza que devia ser repartida com justiça se concentrava nas mãos de poucos. A base da pirâmide social alargava-se, democratizando a miséria" (LOPES, 2010, p. 55).

Sua motivação era a possibilidade de acúmulo de propriedades (campos, casas, herança), ampliação considerável de suas grandes fortunas e mais uma série de vantagens políticas, sociais e até jurídicas. Como as garantias legais em prol do povo da terra eram cada vez mais insignificantes e ineficientes, e havia uma espécie de normatização quanto à negação do direito e da justiça para todos, os que cobiçavam e roubavam as terras se favoreciam deste cenário e consolidavam seus caminhos criminosos – "Eles planejam iniquidade; tramam e praticam o mal (porque está no poder de sua mão); cobiçam, roubam, oprimem".

A denúncia de Miqueias contra todo esse ambiente e os responsáveis por ele é introduzida com a partícula "ai". "Ai daqueles que planejam iniquidade e que tramam o mal em seus leitos". Essa expressão era comum em lamentos fúnebres. Reimer (1997, p. 103) explica que "segundo a simbologia profética, quando um 'ai' é entoado sobre pessoas que ainda vivem, significa que nestas pessoas já está o gérmen da morte".

Na sequência, os verbos que indicam as ações dos denunciados são significativos e merecem destaque. Seus significados são condizentes com aquilo que já se percebeu acerca das motivações e comportamento dos denunciados. Dessa forma, eles fundamentam ainda mais as ponderações contextuais vistas até o momento, dando ainda mais consistência aos caminhos de leitura e interpretação do texto propostos neste capítulo. Os verbos são: planejar, praticar, cobiçar, roubar, oprimir.[5]

No v. 1, a primeira acusação contra os denunciados é a de que "planejam a iniquidade e tramam o mal". Hahn (2005, p. 144) destaca que "o mal, enquanto está sendo planejado, não aparece. Ele não é transparente. A ação iníqua, enquanto está sendo maquinada, não é visível. Por isso, ela tem face traiçoeira". Em seguida, aparece o verbo praticar. "Ao amanhecer, eles o praticam (a iniquidade e o mal), porque está no poder de sua mão". O verbo pode ser interpretado como um complemento da ação anterior – planejar, tramar. Hahn (2005, p. 145) entende que se trata de um ato intencional. Trata-se do passo seguinte, da execução de um plano bem arquitetado. "O texto complementa que, quem executa, pode fazê-lo com o poder que detém. Entende-se, por isso,

---

[5] Os estudos de Hahn (2005) servirão de orientação às considerações pretendidas.

que está integrada, ao sentido fundamental do verbo, uma conotação política".

Já no v. 2, a iniquidade e o mal, planejados e praticados, ganham forma: cobiçar, roubar, oprimir. O verbo cobiçar, segundo Hahn (2005, p. 146), tem como significado básico "um anseio de possuir um determinado objeto, numa intensidade tal, que o sujeito usa quaisquer meios para materializar o seu desejo. No texto de Miqueias, o desejo volta-se à apropriação de terras". A cobiça, nesse contexto, leva a outra ação: roubar. Hahn explica que o significado do verbo é "arrancar com violência, utilizando-se de formas de violência superiores àquelas de capacidade de reação daquele que as sofre. Por isso, sua ação indica uma violência injusta [...] Aponta para uma apropriação ilegal de terras, em que famílias são delas expulsas violentamente". Já o verbo oprimir, conforme o autor, está em conexão com o verbo roubar. "O dito profético, através dessas duas ações verbais, desvenda duas formas violentas que se sucedem numa mesma realidade." "Oprimir, extorquir, explorar indicam uma opressão violenta, sucedendo-se também uma apropriação de terras, mas utiliza-se o recurso da extorsão."

Na sequência do texto, nos v. 4 e 5, a sentença dos denunciados é relativa ao crime que cometeram. Isto é, as terras roubadas serão novamente divididas. Em um período anterior aos dias de Miqueias, a venda de terras, depois de certo tempo, perdia sua validade. Havia, então, uma espécie de celebração litúrgica onde os lotes de terra eram novamente distribuídos. Este procedimento estava desconfigurado, já que a prática de acúmulo dos denunciados desconsiderava a partilha como fundamento ético e expressão da justiça. O texto bíblico indica a restauração desse processo, isto é, uma nova divisão. "Fomos completamente devastados [...] Nossos campos são divididos." Os denunciados, por sua vez, serão excluídos e não participarão da redistribuição das terras. Ficarão sem terras. Para as vítimas, a denúncia do profeta contra os que cometem delitos, dessa forma, estava acompanhada também de uma promessa:

> Em meio à ameaça, configuram-se os traços do recomeço. Podemos verificar os seguintes: as terras das capitais serão reincorporadas ao solo agricultável, transformados em roça e vinha; as terras arrebatadas de "meu povo" camponês serão reintegradas à posse familiar, através da redistribuição das terras (confira 2,5). Assim se reinventa e reconsolida, no concreto, o direito e a justiça dos quais a profecia está repleta, também a de Miqueias (SCHWANTES, 2009, p. 81).

Nos v. 6 e 7, os denunciados reagem se defendendo das acusações que receberam. Sentiram-se injustiçados e caluniados. Suas justificativas foram embasadas na leitura que faziam de si mesmos indicando o pertencimento à casa de Israel (Casa de Jacó em outras versões: "tais coisas anunciadas não alcançarão a casa de Jacó"[6]) e o fato de que caminhavam retamente. "Não são boas as suas palavras (palavras de Iahweh) com quem caminha retamente?" Além disso, remontam à noção construída a respeito do caráter de Iahweh, apelando para sua paciência. "Perdeu Iahweh, por acaso, a paciência?"

---

[6] Bíblia: *Almeida, revista e atualizada*. 26. ed. São Paulo: Sociedade Bíblica do Brasil, 1993.

Quero me deter em um dos argumentos mencionados. Refiro-me à convicção dos denunciados ao julgarem a si mesmos como pessoas que "caminhavam retamente". Andar retamente, nesse caso, possivelmente era uma referência à compreensão obtusa que tinham de que o cumprimento de determinadas agendas religiosas os eximia da relação indissociável entre culto/rito/celebração litúrgica e prática da justiça.

A antítese deste discurso pode ser encontrada na própria literatura profética. Vários textos[7] mostram que os profetas, em nome de Iahweh, "não cessam de recordar, com particular rigor, as exigências da justiça e da solidariedade. [...] Isto porque não concebem a fidelidade à Aliança sem a prática da justiça" (ANTONCICH, 1986, p. 27-28). Nesse sentido, insistiam os profetas que nenhum ritual poderia estar desvinculado do compromisso com o outro. A coerência entre um e outro era um valor fundamental. O ritual, aliás, era justamente o espaço que deveria gerar em seus participantes um compromisso genuíno com a vida, em seu sentido mais pleno. Seria impossível imaginar alguém caminhando retamente sem que isso redundasse na prática da justiça em todas as instâncias da vida humana. Não há como ter comunhão com Iahweh e ao mesmo tempo oprimir as pessoas. Portanto, o argumento dos denunciados era contraditório.

Miqueias, nos v. 8-10, respondeu o questionamento dos que cobiçam e roubam as terras mostrando os efeitos

---

[7] Alguns textos da literatura profética indicam a relação intrínseca entre celebração litúrgica e prática da justiça: Is 1,10-17; 58,1-10; 66,1-9; Jr 7,1-11; 22,13-23; Ez 34,1-10; Mq 6,6-8; Am 5,21-27.

de seus atos para dois grupos de indefesos: as mulheres e as crianças. "As mulheres do meu povo vós expulsais cada qual da casa que amava. De seus filhos tirais, para sempre, a honra que vem de mim." Conforme mostram os versículos anteriores, os denunciados tentavam legitimar suas ações, escondendo-se atrás de preceitos religiosos, segundo seu próprio entendimento. Miqueias os colocou à prova, segundo Zabatiero, apelando para a "noção mais importante da solidariedade: como podiam eles fazer aquilo com seus próprios irmãos". Para o autor, a indicação de mulheres e crianças tem outras implicações:

> Há uma referência a viúvas e órfãos, ou às esposas cujos maridos foram recrutados para o exército, ou para obras estatais. De qualquer forma, sem os maridos/pais, as mulheres e crianças não tinham acesso aos tribunais, não podendo, portanto, defender as suas terras contra os que vinham cobrar as dívidas, sobre as quais as terras funcionariam como uma espécie de garantia (ZABATIERO, 1996, p. 62).

A referência proposta por Zabatiero (mulher: viúvas – filhos: órfãos) parece-me uma hipótese bem pertinente. Frizzo (2011, p. 17-31) destaca que o órfão e a viúva (e também o estrangeiro) são "grupos sociais desempenhando, se não um papel relevante na esfera do controle ou determinações do poder, uma reivindicação de seus direitos essenciais, como trabalho, alimentação, justiça, terra e liberdade". O autor explica que o órfão é um "subgrupo social a quem se deve amparar; um grupo, entre tantos outros, a quem se deve fazer vigorar seus direitos essenciais [...] Alguém merecedor de atenção e que não deve ver seu direito violado". Já a viuvez, "impunha, sobre a mulher, no Antigo Israel, um período de falta de proteção e segurança, quer em seu aspecto físico, quer diante da possibilidade da perda de suas posses patrimoniais [...] A viuvez de uma israelita não lhe assegurava quase nenhum direito".

Pois bem, existe uma boa quantidade de textos bíblicos a respeito do tema. Cito apenas três, como exemplo: (1) Iahweh é "o que faz justiça ao órfão e à viúva, e ama o estrangeiro, dando-lhe pão e roupa" – Dt 10,18; (2) "Não perverterá o direito do estrangeiro e do órfão, nem tomarás como penhor a roupa da viúva" – Dt 24,17; (3) "Maldito seja aquele que perverte o direito do estrangeiro, do órfão e da viúva!" – Dt 27,19.

Percebe-se, pelos argumentos dos autores e pelos textos bíblicos citados, que as denúncias de Miqueias estão amplamente amparadas/embasadas. Os órfãos e as viúvas são grupos sociais (ou subgrupos) bem definidos e receberam atenção especial nas páginas das sagradas Escrituras, especialmente quando lhes foram negados o direito e a justiça. Isso, portanto, legitima mais uma vez a denúncia do profeta e põe em cheque a postura dos denunciados.

Os v. 11-13 marcam o fim da perícope. Entretanto, para concluir este capítulo, quero me deter apenas no v. 11. Neste versículo, Miqueias questiona a validade da mensagem dos profetas da corte, chamando-os de mentirosos. Esse grupo de profetas estava do lado dos que cobiçavam e roubavam as terras. Eles legitimavam o modo de vida dos denunciados e o faziam em nome de "Deus" e de sua "vontade". Dessa forma, ludibriavam o povo, levando muitos a acreditarem que a postura ética dos poderosos era adequada.

Este tipo de atitude, que classifico como transgressora, é considerada por alguns especialistas como um tipo de violação. Violação esta conhecida entre os estudiosos do mundo antigo como "terceira violência". Por terceira violência, entende-se o ato de reprimir a voz das vítimas inconformadas com o sistema estabelecido. Croatto (1988, p. 11) acrescenta que a terceira violência é "aquela que reprime todo o processo de libertação, que pretende aniquilar totalmente o 'inimigo' e anda acompanhada de um forte componente ideológico". Era a terceira violência que, por exemplo, tentava reprimir a voz profética quando essa se manifestava em favor do direto e da justiça.

Os detentores do poder, certamente, utilizavam-se desse expediente para alcançar seus objetivos. A própria autenticação de um ministério profético, a partir do palácio, prova esta tese. Além disso, seus discursos ideológicos, incluindo, evidentemente, aspectos religiosos, eram a clara evidência de um dispositivo de defesa que legitimasse os crimes que estavam cometendo – não posso deixar de observar aqui o fato de que a religião, desde a antiguidade, é uma espécie de instrumento utilizado para a manipulação e para viabilização dos interesses daqueles que têm o poder em suas mãos.

Miqueias, conforme indica o texto, não se dobrou a esse estado de coisas. Pressionado pela terceira violência, não se calou! Denunciou a enganação e a mentira. Sua reação indica um profundo compromisso com Iahweh e com aqueles a quem este ama e que estavam em estado de vulnerabilidade.

# REFERÊNCIAS

ANTONCICH, Ricardo; SANS, José Miguel M. *Ensino social da igreja*. Petrópolis: Vozes, 1986.

BÍBLIA. *Bíblia de Jerusalém*. São Paulo: Paulus, 2008.

BRUEGGEMANN, Walter. *A terra na Bíblia*: dom, promessa e desafio. São Paulo: Paulinas, 1986.

CERESKO, Anthony R. *Introdução ao Antigo Testamento*: numa perspectiva libertadora. São Paulo: Paulus, 1996.

CROATTO, J. Severino. Poder e violência: violência e desmandos do poder. *RIBLA*, Petrópolis, n. 2, p. 8-16, 1988.

FRIZZO, Antonio Carlos. Uma tríade social que qualifica o ato de conhecer a Deus. *Pistis & Praxis*, v. 3, n. 1 (jan./jun.) 2011.

GALLARDO, Carlos Bravo. *Jesus, homem em conflito*: o relato de Marcos na América Latina. São Paulo: Paulinas, 1997.

GOHEEN, Michael W. *A igreja missional na Bíblia*: luz para as nações. São Paulo: Vida Nova, 2014.

GUTIÉRREZ, Gustavo. *Teologia da libertação*: perspectivas. São Paulo: Loyola, 2000.

HAHN, N. B. *A profecia de Miqueias e meu povo*: memórias, vozes e experiências. Santo Ângelo: Ediuri, 2005.

_____. Povo da terra e meu povo à luz de Miqueias. *Estudos Bíblicos*, n. 44, p. 47-52, 1994.

_____. Redistribuição de terra: uma utopia do VIII século a.C. *Estudos Bíblicos*, n. 49, p. 9-15, 1996.

LOPES, H. D. *Miqueias*: a justiça e a misericórdia de Deus. São Paulo: Hagnos, 2010.

MAILLOT, A.; LELIÈVRE, A. *Atualidade de Miqueias*. São Paulo: Paulinas, 1980.

MALINA, Bruce J. *O Evangelho social de Jesus*: o reino de Deus em perspectiva mediterrânea. São Paulo: Paulus, 2004.

MAZZAROLO, Isidoro. *O clamor dos profetas ao Deus da justiça e misericórdia*. Rio de Janeiro, Mazzarolo editor, 2007.

REIMER, H. Ruína e organização. O conflito campo-cidade em Miqueias. *RIBLA*, Petrópolis, n. 26, p. 99-109, 1997.

SCHWANTES, Milton. A profecia durante a monarquia. In: *Profeta*: saudade e esperança. Compilação e Reprodução eletrônica: Lumensana, 2010.

_____. De ti sairá: Miqueias 5,1-5. *Revista de Cultura Teológica*, v. 17, n. 67, abr./jun. 2009.

ZABATIERO, J. P. T. *Miqueias*: voz dos sem-terra. Petrópolis: Vozes, 1996.

CAPÍTULO 3

# DENÚNCIA DOS CHEFES, MAGISTRADOS E AUTORIDADES RELIGIOSAS

## MIQUEIAS 3,1-12

*Natalino das Neves[1]*

**INTRODUÇÃO**

Miqueias 3,1-12 pertence aos textos atribuídos ao próprio profeta, escrito cerca de 700 a.C., portanto, o último profeta do século VIII a.C. Zabatiero (1996, p. 13-14) afirma que é necessário conhecer a história e a sociedade da época em que a profecia foi proferida,

---

[1] Mestre em Teologia pela PUC-PR; doutorando em Teologia pela PUC-PR.

"pois a profecia bíblica nasce da vida do povo". O relato de Miqueias não é diferente dos demais profetas, que também são produtos de seu tempo, como afirma Maillot e Lelièvre (1980, p. 23).

Ele faz jus ao nome "quem é como Javé", pois denuncia os chefes – poderosos que detinham o poder econômico –, as autoridades políticas e judiciais, inclusive, autoridades religiosas. Autoridades que deveriam defender os menos favorecidos e denunciar as práticas de injustiças, mas que participavam da exploração dos enfraquecidos. Na ausência de defensores para os menos favorecidos, o profeta tomou para si a responsabilidade da denúncia da exploração de seu povo, que estava em uma das regiões mais afetadas economicamente por ocasião das guerras. Ele havia presenciado as consequências de duas grandes guerras (Mq 1,1): a guerra siro-efraimita com os assírios, quando ocorreu o primeiro grande cativeiro com a tomada de Samaria, aproximadamente em 721 a.C.; e a guerra da coalização antiassíria, liderada pelo rei Ezequias, de 705 a 701 a.C. Segundo Soares (1987, p. 23), os principais profetas de Israel surgem em torno das duas grandes crises da nação: a queda do Reino do Norte sob os assírios ou a queda de Jerusalém sob os babilônicos.

Como se não bastassem essas aflições decorrentes das guerras que transformavam os terrenos agrícolas em campos de batalha, trazendo sérias consequências aos camponeses, eles ainda eram explorados pelos latifundiários, comerciantes e líderes políticos, que eram favorecidos pelos magistrados. Miqueias, em sua denúncia, busca a mudança de situação para os camponeses, que não tinham ninguém que lutasse pela sua dignidade e melhoria de qualidade de vida.

O texto em estudo neste capítulo do livro está divido em três oráculos de juízo (3,1-4; 3,5-8; 3,9-12), que são ligados tematicamente por acusações contra os principais líderes político-religiosos da sociedade judaica.

## DENÚNCIA CONTRA OS CHEFES E MAGISTRADOS CORRUPTOS (3,1-4)

A principal motivação de Miqueias para escrever foi a negociata política da corte judaíta com os assírios, grandes dominadores da época. Os membros da corte priorizavam seus próprios interesses em detrimento das necessidades dos camponeses. Portanto, como afirma Zabateiro (2015, p. 77-78), o grande conflito que retratava a realidade social era entre o campesinato em geral e a corte judaíta, apoiada pelos latifundiários e magistrados corruptos que também se beneficiavam com a exploração dos camponeses pobres.

O profeta não se atém somente às questões religiosas, mas atua ativamente nas questões políticas. Para ele, tanto as questões políticas como as religiosas são de interesse de Deus, por isso ele se insere também na luta política que envolve sua comunidade de fé. Decisão que exigia uma forte renúncia a sua própria vida para defender o interesse de uma coletividade sem voz e desprotegida. Uma luta contra a violência desencadeada sobre os camponeses com o suporte das principais autoridades corruptas, que em vez de defender os menos favorecidos os exploram injustamente, como o caso dos magistrados.

O abuso de poder favorecia os interesses pessoais e o enriquecimento ilícito dos governantes. Portanto, eles eram merecedores do juízo de Javé, o Deus que observa as ações humanas e toma a causa do oprimido e indefeso (Mq 1,2-9). Bright (2003, p. 355) afirma que esse comportamento dos governantes de Israel era uma clara violação da Aliança com Javé.

O oráculo de juízo tem bem definido suas seções: introdução (v. 1a); denúncia (v. 1b-2a; 3); ameaça (v. 2b; 4). O profeta toma a causa de seu povo e denuncia o comportamento corrupto dos chefes e magistrados. Os camponeses, as vítimas da corrupção, que em épocas de guerras eram obrigados a lutar em favor da nação, tinham suas terras roubadas por grupos de detentores do poder econômico. Os latifundiários se aproveitavam da situação para aterrorizar ainda mais a vida deles (Mq 2,1-2), se necessário ainda com mais violência (Mq 2,8-10). Além de saquearem as terras para aumentar a expansão de suas posses, desrespeitavam mulheres e filhos, transformando-os em escravos. Segundo Balancin e Storniolo (1990, p. 23, 24), os latifundiários dominavam o comércio e emprestavam dinheiro aos camponeses pobres a juros exorbitantes e impagáveis, com intuito de tomarem suas terras e os tornarem escravos. Para manterem essa situação, eles precisavam da proteção injusta dos magistrados, o que conseguiam mediante favorecimentos econômicos. Balancin e Storniolo (1990, p. 20) afirmam que os membros deste grupo de opressores eram "aproveitadores da situação difícil do povo, quanto pior o povo estiver, mais fácil se torna conseguir o que eles desejam".

Se as autoridades que deveriam proteger o povo sofrido eram seus algozes e promotores da injustiça social, a quem ele poderia recorrer? Somente uma autoridade acima dos poderes constituídos poderia socorrer os camponeses pobres, o próprio Javé. Miqueias (quem é como Javé) se apresenta como porta-voz do povo, sua comunidade de fé e sofrimento, para denunciar as autoridades corruptas e injustas. Segundo Gottwald (1988, p. 354), o profeta denunciava diretamente as classes governamentais dos centros urbanos de Samaria e de Jerusalém, os quais tinhas suas vidas manchadas com os furtos e com o sangue de pessoas indefesas. Todavia, a atenção do profeta se concentrava em Jerusalém. O grupo de poderosos tinha como cúmplices os magistrados, que faziam vistas grossas ao abuso e à exploração dos pobres camponeses. À semelhança de Miqueias, apesar de atuarem em ambientes sociais diferentes, seu contemporâneo Isaías, que agia no âmbito urbano, também denunciou os latifundiários que exploravam os pobres, os órfãos e as viúvas com o auxílio dos magistrados (Is 3,13-15; 5,1-7), deixando-os, no âmbito humano e institucional, sem a quem recorrer (Is 1,21-23; 3,16–4,1; 5,11.20-23; 10,1-4).

Nos primórdios de Israel existia uma estrutura unificada por meio da federação tribal e da Aliança com Javé. A solidariedade era um dos valores mais valorizados, os membros menos favorecidos das famílias, clãs e tribos eram protegidos pelos demais. Com o advento da monarquia, o aumento das atividades comerciais e a promoção do tributarismo nas regiões de Israel, esta solidariedade foi se extinguindo. Na época de Miqueias, a lei de proteção dos clãs foi ignorada e os costumes clânicos não eram uma prática comum, principalmente nas cidades. Um bom exemplo bíblico do abuso da elite e desrespeito aos direitos dos clãs e suas terras é o relato da "venda" da vinha de Nabot (1Rs 21,1-16).

Os assírios não tinham interesse em uma conquista temporária dos territórios a sua volta, mas a posse definitiva. Por isso utilizavam-se de práticas brutais e opressoras sobre os povos conquistados, impondo um clima de terror e medo, como no caso dos territórios israelitas (ROSSI, 2008, p. 43-45). O domínio militar da Assíria estava presente inclusive nas cidades fortificadas de Judá, e a cobrança de impostos e tributos foi intensificada devido à resistência do rei Ezequias, conforme relatado por Lopes (2010, p. 52):

> [...] nessa época, havia uma tributação duplamente onerosa, pois o tributo deveria sustentar o Estado judeu e pagar ainda o tributo exigido pelo império assírio, ao qual Judá estava subordinada. Assim os camponeses se viam obrigados a tomar empréstimos para sobreviver e, se ficassem impossibilitados de pagar esses empréstimos, chegavam à dura condição de perder suas terras e casas para pagamento das dívidas contraídas. Uma classe de homens ricos, com o poder político e econômico nas mãos, aproveitou essa crise econômica para traçar planos inescrupulosos no sentido de ficarem mais ricos, juntando campo a campo e casa a casa.

Portanto, os camponeses pagavam mais impostos para manter o exército estrangeiro inimigo e o interno, que os afligiam. Eles eram obrigados a contrair empréstimos em condições desonestas, o que resultava na própria desumanização por meio da escravidão. Por isso que Zabatiero (1996, p. 48-49) afirma que o profeta condena tanto o militarismo interno como o imperialismo assírio. Entretanto, os principais acusados na perícope em estudo são os chefes e magistrados corruptos e subornáveis, que legitimavam a injustiça social praticada pelos latifundiários que se aproveitavam da situação. Dessa forma, colocavam a "justiça" a serviço dos grupos de poderosos que dominavam a sociedade judaíta.

Miqueias não se cala. Proclama a ameaça de silêncio de Javé quando os chefes e magistrados tivessem na situação dos seus oprimidos, sendo entregues ao mesmo castigo com que infligiram os camponeses pobres. Afirma que eles clamariam como as suas atuais vítimas, mas não seriam ouvidos por Javé devido a suas práticas de injustiças.

## DENÚNCIA CONTRA OS PROFETAS MERCENÁRIOS DA CORTE (3,5-8)

Esta perícope também apresenta a forma literária de um oráculo de juízo, estruturado com uma introdução (v. 5a), a denúncia (v. 5b), a ameaça (v. 6-7) e a autoapresentação (v. 8). Miqueias utiliza, excepcionalmente, a fórmula do mensageiro "Assim diz o Senhor" para demonstrar que era o portador da Palavra de Javé e, de imediato, denuncia os profetas. Estes também são chamados de adivinhos e videntes, talvez para distinguir os profetas que estavam ligados diretamente ao Templo daqueles que se encontravam dispersos nas cidades. Os profetas tinham a função de educar teologicamente o povo.

Todavia, devido à sua relação de dependência do Estado, não ousavam ensinar nada que contrariasse os interesses dos governantes. Eles prestavam o serviço de legitimação das práticas de injustiças daqueles que mantinham o poder, conforme citado na seção anterior, uma vez que falavam em nome de Javé, inclusive nas consultas individuais feitas pelo povo. Eram corruptos e exerciam suas funções para atendimento de interesses pessoais e benefícios financeiros (Mq 3,5-8; 3,9-11). Tinham interesse em manter a mesma prática de luxúria, comum à nobreza (Mq 2,11; Is 28,7-16).

Os profetas são acusados de extraviarem o povo pelos ensinamentos direcionados e de serem mercenários. Eles desprezavam a Aliança de Javé com seu povo que tinha como fundamento a justiça, pois "entregavam" falsas profecias para doutrinar ou domesticar o povo de acordo com o interesse dos poderosos. Zabatiero (1996, p. 72) os chama, numa linguagem atualizada, de "agentes ideológicos do Estado". A mensagem profética dependia do valor que recebiam e, tendo em vista que os camponeses pobres, as viúvas e órfãos não tinham condições financeiras de pagarem boas quantias, recebiam mensagens de condenação. Enquanto os latifundiários e demais autoridades, mediante pagamentos diferenciados, obtinham a "bênção" destes profetas mercenários. Dessa forma, a maioria dos oprimidos, por meio da educação teológica recebida, era convencida de que estava naquela condição de penúria por própria culpa. Maillot e Lelièvre (1980, p. 82,83) comentam como os profetas e os poderosos trocaram a Aliança com Javé por outro deus, o dinheiro.

> [...] o profeta não podia recusar-se a atender a quem a ele recorresse; seria negar-se a transmitir o que é sempre

um dom; por outro lado, exigir pagamento seria tornar-se falso profeta. O dinheiro sufoca o dom, mata o carisma. [...] O dinheiro que compra tudo e pelo qual se vende tudo – homens, direito, juízes, pobres, sacerdotes, a palavra, a Torá – e que pretende comprar o próprio Deus, é o maior e o mais temível concorrente de Deus. Assim, todos esses chefes, embora quisessem a maior glória de Jerusalém, ao estabelecerem nela o império do dinheiro, preparam a própria infelicidade. Introduziram na cidade santa outro senhor, Mamon, que corrompe tudo, que faz apodrecer tudo, mas que não pode nada contra os assírios ou babilônios antigos ou modernos.

Miqueias também tem mensagens de desgraça e de salvação. Todavia, não profetiza de acordo com os agrados, mas entrega a mensagem de juízo aos que praticam a injustiça e de salvação aos injustiçados e oprimidos. Ele dedica a maior parte do texto para ameaçar os denunciados, ora por meio de metáforas (v. 6), ora por meio de linguagem direta (v. 7). Assim como o profeta Isaías (Is 29,18), ele afirma que os profetas mercenários perderiam a principal característica da função exercida, a revelação. Miqueias utiliza a linguagem metafórica, trabalhando com o campo semântico de trevas e luz. O desaparecimento do sol no Antigo Testamento era tido como um mal presságio. Neste caso, significava que os profetas mercenários não poderiam mais exercer o ministério profético. As visões seriam substituídas por escuridão e silêncio divino.

Na segunda parte do v. 6, o profeta usa a terceira pessoa, como se estivesse dialogando com as vítimas dos profetas mercenários. Ao contrário dos falsos profetas que legitimavam as práticas de injustiça, moldando os desfavorecidos na condição de culpados da própria penúria, Miqueias os conscientiza de estarem sendo enganados e aponta o juízo de Javé sobre seus opressores e exploradores. O povo não poderia mais se enganar, pois estava sendo conscientizado de que aqueles profetas não tinham nada de Deus para lhe oferecer, portanto, não deveriam ser consultados nem ouvidos. Eles continuarão consultando a Deus, mas não serão ouvidos. Dessa forma, o profeta estava descontruindo o sistema de dominação do grupo dominante, pois seus porta-vozes eram desmascarados, perdendo a suposta autoridade que lhes foram outorgadas de "mensageiros de Javé". Miqueias não estava sendo despretensioso, ele sabia aonde queria chegar. Na sequência (v. 8) ele se apresenta como o verdadeiro mensageiro de Deus.

O profeta do povo utiliza vocábulos bélicos para demonstrar que nesta guerra ele e o povo oprimido sairiam vencedores. Ele defende a sua credencial de verdadeiro mensageiro de Deus, fundamentado na afirmação de possuir a força, o espírito, o direito e fortaleza de Javé. Ele e seu grupo receberiam a força e o espírito de Javé para reestabelecerem a ordem comunitária, de forma a não ser mais rompida (fortaleza), prevalecendo a Aliança com Javé, o Deus justo. As características e atuação do verdadeiro mensageiro de Deus eram opostas às credenciais e práticas dos falsos profetas, que foram denunciados e desmascarados por Miqueias. Os profetas mercenários eram cúmplices das injustiças sociais cometidas pela liderança judaíta e pelos grupos sociais que os apoiavam. Miqueias se apresenta como o mensageiro da justiça de Javé, denunciado as práticas de injustiças e anunciando a condenação dos chefes, magistrados e profetas mercenários. Portanto, as pessoas que deveriam administrar, julgar, ensinar e profetizar em favor do povo, fazem isso de forma sistêmica e cumpliciar, em benefício próprio.

## DENÚNCIA CONTRA A VIOLÊNCIA INSTITUCIONALIZADA (3,9-12)

O profeta faz uso de mais um oráculo de juízo estruturado com uma introdução (v. 9a), a denúncia (v. 9b-11) e a ameaça (v. 12). Zabatiero (1996, p. 77) destaca que essa perícope serve para conclusão do panfleto (2,1–3,12), pois, além de retomar termos do capítulo 2 e da primeira parte do capítulo 3, funciona como "o clímax das denúncias e ameaças do panfleto, e é o único local no qual Miqueias menciona explicitamente a destruição de Jerusalém". O interessante é que a explicação de Miqueias vai demonstrar para seus destinatários, bem como ao povo de Israel ao longo de sua história, que os principais responsáveis pela destruição de Jerusalém não são os assírios nem os babilônicos, mas os próprios líderes de seu povo, os inimigos internos.

O oráculo inicia com o verso utilizado em 3,1 "ouçam" e menciona os mesmos denunciados nas perícopes anteriores, com exceção da inclusão dos sacerdotes, profissionais do sagrado diretamente ligados ao Templo. Os sacerdotes também eram contados como funcionários do rei (2Sm 8,17; 20,25; 1Rs 3,26-27; 4,2). Na Antiguidade, a religião e a política não eram dissociadas. Profetas e sacerdotes faziam parte do mesmo governo. As práticas cerimoniais estavam sob a responsabilidade dos sacerdotes, mas, na realidade, a autoridade estava sob o controle do rei e seus auxiliares. O exercício do ministério profético não era muito diferente, como visto na perícope anterior e repetido aqui no v. 11, e eles são acusados de receberem presentes e dinheiro em troca das mensagens encomendadas. Assim, Miqueias relaciona as três categorias de denunciados: chefes, sacerdotes e profetas, com o poder estatal monárquico.

Na relação de poder, em Miqueias fica evidente grupos em franco antagonismo. Estes grupos podem ser identificados no comentário de Zabatiero (2015, p. 78-80) sobre os conflitos identitários no livro de Miqueias: 1) *opressor*: identidade estatal monocêntrica legitimadora. Estatal por ser constituída pela casa real e seu aparato militar, administrativo e religioso. Monocêntrica por ser a cidade do rei (Jerusalém) o lugar hegemônico de construção da identidade opressora. Legitimadora, por ser Jerusalém constituída pelas instituições dominantes da sociedade a serviço dos interesses da corte judaíta; 2) *oprimidos*: camponeses pobres, que serviam ao Estado com pagamentos de impostos e tributos e que eram obrigados a cederem os filhos para a guerra, quando solicitado pela corte judaíta, além de serem os primeiros a serem explorados pelos estrangeiros em situações de guerra. Dessa forma, o terceiro capítulo de Miqueias expressa a "resistência crítica da parte do campesinato judaíta contra a imposição da identidade estatal monocêntrica" (ZABATIERO, 2015, p. 80).

O profeta denuncia os crimes da liderança estatal e adverte da infidelidade à Aliança com Javé. Aliança que estava acima da religiosidade e tinha a solidariedade como prioridade (BAKER; ALEXANDER; STURZ, 2006, p.

155, 156). Ele denuncia: 1) os chefes e governantes de serem corruptos, aceitarem subornos e odiarem a justiça e distorcerem o que é reto; 2) os sacerdotes por exercerem a instrução sacerdotal em troca de suborno oferecido pelo poder estatal monárquico, portanto, indignos do ofício; 3) os profetas são novamente acusados de serem mercenários por não denunciarem as práticas de injustiça em troca de dinheiro. Todos os grupos são acusados de construírem e manterem o sistema dominante opressor com o sangue dos inocentes.

Os chefes e magistrados corruptos são identificados como sendo de Jacó e Israel, abrangendo assim toda a nação. Com a destruição de Samaria em 721 a.C., muitos da população do Reino do Norte fugiram para Judá e Jerusalém, aumentando de forma significativa a população do Reino do Sul, como também trazendo influências do povo do norte. Estes não foram alvos de protestos somente de Miqueias, mas também dos demais profetas do século VIII, como Amós (5,10.12) e Isaías (Is 1,23). A questão do direito e da justiça está em voga aqui, tanto o painel de juízes que ficava nas aldeias como o judiciário centralizado na capital funcionavam como corte de apelos às pessoas que se sentiam lesadas (Dt 16,18-20; 17,8-13), com prescrições quanto ao comportamento das testemunhas (Dt 19,15-20) e restrições quanto à imposição de castigos corporais (Dt 25,1-3). Um cuidado legal para que a injustiça e a violência fossem contidas. Nada disso foi observado pelos chefes e magistrados contemporâneos de Miqueias, que fecharam os olhos para as práticas de injustiças e quebraram a Aliança com Javé.

O sacerdócio em Israel iniciou-se no Sinai como função exclusiva de Arão, seus filhos e descendentes para o ofício das coisas sagradas, em especial dos sacrifícios. Blenkinsopp (1995, p. 78) destaca o papel importante dos sacerdotes na manutenção da ordem social e no atendimento das aspirações religiosas dos israelitas. Com o advento da monarquia, a influência do Estado sobre o grupo de sacerdotes foi se ampliando, pois passaram a ser mantidos pelo aparato estatal. No v. 11, o sacerdote aparece numa posição intermediária entre os chefes e o profeta.

A relação da figura do profeta com o Estado não era diferente do sacerdote. Eles foram se integrando gradativamente à corte e ao Templo, por fim fazendo parte do rol de funcionários do Estado. Talvez, por isso, Miqueias não faça questão de registrar sua vocação e não use frequentemente a fórmula do mensageiro "Assim disse Javé", como se lhe fosse motivo de vergonha ser considerado do grupo de profetas. Todavia, ele faz questão de demonstrar sua distinção em relação aos demais profetas no v. 12, como veremos mais à frente. Portanto, o aparato estatal conduzia as ações dos chefes, magistrados, sacerdotes e profetas de acordo com a necessidade da ideologia institucionalizada. Por isso a revolta e denúncia de Miqueias, uma vez que a forma de organização social estatal favorecia a cumplicidade dos opressores a legitimarem as práticas de injustiças contra a classe dos explorados, institucionalizando a violência contra os inocentes e enfraquecidos.

Miqueias introduz a sentença de Javé (ameaça). Dirigindo-se aos três grupos citados, afirma que eles eram culpados pelo que iria acontecer com Jerusalém e Sião: "por causa de vocês". O que era considerado indestrutível seria destruído completamente, contrastando com a teologia ou ideologia da indestrutibilidade de Sião. A ausência da menção da figura principal do poder estatal monárquico é motivo de questionamentos e dúvidas com relação a sua aprovação às práticas de injustiças.

Silva (1998, p. 42) afirma que mesmo sem ser mencionado está implícito que o rei é contemplado na insatisfação: "Mesmo que a figura do monarca não esteja explicitamente presente nos profetas, ele aparece por meio da ideologia que é combatida". Enquanto Zabatiero (1996, p. 83) justifica a ausência desta menção pelo fato "de que o campesinato, em geral, tende a localizar a injustiça que sofre nos agentes mais visíveis do Estado. O rei, conforme o pensamento dominante da época, era o defensor dos pobres e marginalizados". Dessa forma, vemos a influência da crença no caráter messiânico da dinastia davídica na avaliação popular e do profeta, que aponta para a esperança do resgate e da implantação da justiça social por um membro da família de Davi, conforme Mq 5,1-4. Embora o profeta Isaías também condene Jerusalém pelas práticas de injustiça, fica evidente a diferença de pensamento entre os dois profetas, que tinham origens diferentes. Enquanto Isaías era ligado à cidade, Miqueias era originário do campesinato, por isso este apresenta a esperança em um rei oriundo de Belém (5,1). Schwantes (1989, p. 25) corrobora com essa afirmação ao comentar sobre Mq 5,1. Ele assevera que "ele é pró-davídico, se bem que claramente anti-Sião [...] o davidismo será reformulado, refeito a partir da origem de Belém".

O último versículo (v. 12) é o desfecho das acusações e ameaças do profeta. O profeta anuncia a destruição da cidade de Jerusalém, considerada inviolável pelos judaítas, bem como do seu Templo, considerado o lugar de oração e da manifestação de Deus. A cidade considerada santa e centro da adoração israelita passa a ser conhecida como centro de iniquidades, devido ao comportamento de seus líderes político-religiosos.

## CONSIDERAÇÕES FINAIS

Na época do profeta Miqueias, os poderes constituídos controlavam todos os setores da sociedade por meio de um esquema maquiavélico de manutenção do poder e exploração dos menos favorecidos. Um vergonhoso saque do erário público em benefício próprio. Os chefes de Estado e governantes, que deveriam ser os responsáveis pela preservação do direito e da justiça, praticavam a injustiça e contribuíam para que a cidade fosse construída com o sangue dos inocentes. Os magistrados, que tinham a função de administrar a justiça, em vez de proteger o povo se vendiam à classe dominante por subornos. Da mesma forma os sacerdotes, que tinham a incumbência de serem guardiões da Aliança com Javé, Deus dos oprimidos, também cediam aos favores da classe dominante para atenderem a seus próprios interesses. Os profetas, que exerciam um tipo de assessoria ao governo, usavam a "autoridade da palavra recebida de Deus" para legitimar as práticas de injustiças pelos poderosos. Miqueias afirma que a obrigação das autoridades constituídas era exercer a justiça (Mq 3,1) e usar o conhecimento da lei em benefício dos menos favorecidos, e não em benefício próprio (Mq 3,2-12). Dessa forma, o profeta denuncia as pessoas que detinham o poder econômico, político e religioso. Assim, compromete sua vida com a luta pela justiça e humanização dos camponeses.

Infelizmente, esse comportamento não é exclusivo do século VIII a.C., mas contínuo ao longo da história da humanidade e em todos os espaços em que os seres humanos vivem e administram. No presente século, as notícias veiculadas na mídia mundial e, em especial, no Brasil evidenciam essa realidade. A maioria dos problemas sociais das comunidades poderia ser resolvida simplesmente com a honestidade das autoridades, que têm a incumbência de gerir o orçamento público.

A sociedade atual clama por profetas como Miqueias, não com vestimentas específicas ou todo o aparato de "homem santo", mas pessoas das mais diversas áreas e ambientes que não se contentem com as práticas de injustiças e denunciem seus autores. A dificuldade de surgimento desses profetas nos dias atuais se deve ao alto custo, pois profetas como Miqueias sofrem severas perseguições e colocam sua vida e a das pessoas próximas em risco. Todavia, são pessoas assim que contribuem com a contenção das práticas de injustiças, imoralidade e corrupção, em busca de uma mudança de cultura favorável e uma sociedade mais justa.

## REFERÊNCIAS

BALANCIN, Euclides; STORNIOLO, Ivo. *Como ler o livro de Miqueias*. São Paulo: Paulus, 1990.

BAKER, David W.; ALEXANDER, T. Desmond; STURZ, Richard J. *Obadias, Jonas, Miqueias, Naum, Habacuque e Sofonias*: introdução e comentário. São Paulo: Vida Nova, 2006.

BLENKINSOPP, Joseph. *Sage, Priest, Prophet: Religious and Intelectual Leadership in:* Ancient Israel. Louisville: John Knox Press, 1995.

BRIGHT, John. *História de Israel.* 8. ed. São Paulo: Paulus, 2003.

GOTTWALD, Norman K. *Introdução socioliterária à Bíblia Hebraica.* São Paulo: Paulus, 1988.

HAHN, Noli Bernardo. A profecia de Miqueias e "meu povo": memórias, vozes e experiências. *Estudos Bíblicos,* Petrópolis, v. 73, p. 92-101, 2002.

LOPES, Hernandes Dias. *Miqueias:* a justiça e a misericórdia de Deus. São Paulo: Hagnos, 2010.

MAILLOT, A; LELIÈVRE, A. *Atualidade de Miqueias.* São Paulo: Paulinas, 1980.

ROSSI, Luiz Alexandre Solano. *Cultura militar e de violência no mundo antigo:* Israel, Assíria, Babilônia, Pérsia e Grécia. São Paulo: Annablume, 2008.

SCHÖKEL, L. Alonso; DIAZ J. L. Sicre. *Profetas II:* Ezequiel, doze profetas menores – Daniel – Baruc – cartas de Jeremias. 2. ed. São Paulo: Paulus, 2002.

SCHWANTES, Milton. *Igreja como povo – "Meu povo" em Miqueias.* Belo Horizonte: Centro de Estudos Bíblicos, 1989. (A Palavra na Vida, n. 15.)

SICRE, José Luís. *Profetismo em Israel.* 3. ed. Petrópolis: Vozes, 2008.

SILVA, Airton José da. *A voz necessária:* encontro com os profetas do século VIII a.C. São Paulo: Paulus, 1998.

ZABATIERO, Júlio Paulo Tavares. *Miqueias:* voz dos sem-terra. Petrópolis/São Paulo: Vozes/São Leopoldo/Sinodal, 1996.

_____. Conflitos culturais e de identidades em Miqueias. *Revista de Interpretação Bíblica Latino-Americana,* São Bernardo do Campo, n. 68, p. 77-86, jan. 2015.

Capítulo 4

# OS POBRES: "MEU POVO"

## MIQUEIAS 3,1-4

*Luiz José Dietrich[1]*

## O PROFETA E O SEU CONTEXTO

Miqueias, *Micah*, no hebraico, deve ser a forma abreviada de *Mika'el*, "quem é como o Deus El?", ou *Mikayahu*, "quem é como o Deus Javé?" (Jz 17,1; 1Rs 22,8; 2Cr 13,2; 18,7). O nome Miqueias, adotado nas Bíblias em português, segue a forma como está escrito em Jr 26,18 e também como é traduzido na Bíblia grega, a Septuaginta (LXX), que na maioria das vezes escreve *Michaias*. Esse procedimento supõe que o nome do profeta era *Mikayahu*.

---

[1] Professor no mestrado e doutorado em Teologia da PUC-PR.

O profeta Miqueias atuou em Judá no final do século VIII a.C. Apesar de Mq 1,1 afirmar que ele atuou "nos dias de Joatão, Acaz e Ezequias, reis de Judá", os dados fornecidos pelos seus ditos proféticos nos permitem supor que sua atuação se deu desde pouco antes ou logo após a destruição da Samaria em 722 a.C. – que é mencionada em Mq 1,2-7 – até a invasão de Judá por Senaquerib em 701 a.C., uma vez que Mq 1,8-16 dá a lista das cidadelas de Judá que foram destruídas pelo exército assírio na sua marcha para sitiar Jerusalém, subindo desde a terra dos filisteus.

Embora não seja um período muito longo, Miqueias foi um personagem marcante. Pois, mais de cem anos depois, suas palavras foram lembradas no julgamento do profeta Jeremias.

## PALAVRAS QUE MARCARAM

Por volta dos anos 600 a.C. Jeremias atacou as autoridades e as elites judaicas. Acusou-as de desrespeitarem as leis de Javé, não praticando o direito com seus próximos, oprimindo o estrangeiro, o órfão e a viúva e derramando sangue inocente em Judá, para depois irem apresentar oferendas no Templo de Jerusalém, como se fossem inocentes, fazendo do Templo um "covil de ladrões" (Jr 7,11). Jeremias disse que, por causa da conduta de seus chefes, Jerusalém e o Templo seriam destruídos e seu povo seria exilado, do mesmo modo que acontecera com Silo e também com Samaria (Jr 7,1-15). E, por causa destas palavras, destas denúncias e acusações, Jeremias foi acusado e condenado à morte pelos sacerdotes e profetas ligados ao Templo de

Jerusalém e à monarquia de Judá (Jr 26,1-12). As palavras de Miqueias foram então lembradas na defesa do profeta Jeremias: "E levantaram-se alguns dos anciãos da terra e disseram à assembleia do povo: 'Miqueias de Morasti, que profetizava nos dias de Ezequias, rei de Judá, disse a todo o povo de Judá: Assim disse Iahweh dos exércitos: Sião será um campo arado, Jerusalém um monte de ruínas e a montanha do templo um lugar alto da floresta!' Por acaso Ezequias, rei de Judá, e todo Judá o fizeram morrer? Não temeram, antes, a Iahweh, e não imploraram a Iahweh, de modo que Iahweh se arrependeu do mal que tinha anunciado contra eles? E nós, poderemos arcar com a responsabilidade de crime tão grande?" (Jr 26,17-19, cf. Mq 3,12). Os anciãos do campo disseram que Judá foi salva da desgraça porque as palavras de Miqueias foram acolhidas.

As palavras de Miqueias foram proferidas contra as autoridades de Jerusalém, contra os "chefes", os "governantes", os "que constroem Sião com sangue e Jerusalém com perversidade" (Mq 3,9-12). Miqueias, portanto, não está entre estas autoridades, ele certamente pertence ao grupo que está sendo explorado. Suas palavras foram guardadas pelos "anciãos da terra". Aliás, isso também é importante. As palavras dos profetas entraram na Bíblia somente porque foram guardadas pelos grupos que eram por eles representados. E toda a Bíblia é atravessada por um movimento profético, que vai até Jesus e segue em vários ramos dos cristianismos primitivos (DIETRICH, 2008, p. 14).

## A PROFECIA: UMA PALAVRA COLETIVA

Os textos proféticos que estão na Bíblia, e até mesmo as imagens dos profetas que eles nos comunicam, são produtos coletivos. São palavras e imagens formadas e retrabalhadas pela memória e pelas ações de muitas pessoas. Momento histórico em que são ditas palavras de denúncia, indignação, palavras de ordem para a luta. Geralmente, são palavras de um povo ou de representantes de um povo em luta. Nelas "emerge e se manifesta uma consciência coletiva" (HAHN, 2005, p. 108). Nem sempre são aceitas e acolhidas. Porque exigem mudanças, reconhecer erros, desfazer injustiças, desistir de privilégios, compensar prejuízos... São palavras como muitas que ouvimos nos movimentos populares, vindas de líderes populares, de muitos homens e mulheres que participam das lutas sociais de hoje. Os poderosos não as aceitam, nem mesmo querem que sejam divulgadas e reproduzidas. Vemos isso acontecer com o outro Miqueias que é mencionado na Bíblia, "Miqueias filho de Jemla" (1Rs 22,8), que é esbofeteado em público e preso (1Rs 22,24-27). E em Amós, que é proibido de pregar e expulso de Betel (Am 7,10-13). Também em Miqueias, quando a ele e seu grupo é dito: "Não vaticineis, eles vaticinam, eles não devem vaticinar assim! O opróbrio não se afastará" (Mq 2,6), ou em Jeremias, que teve suas palavras queimadas pelo rei de Judá (Jr 36). Se dependesse dos poderosos, a Bíblia seria bem menos volumosa! Muitos dos textos proféticos não estariam nela! (Mt 23,29-32.34).

Mas, felizmente, como hoje também, as palavras destes camponeses que não foram imediatamente aceitas pelos poderosos e pelos chefes de Israel, permaneceram guardadas e seguiram vivas nas lutas e nas esperanças dos camponeses, pois são palavras e ações que, desde sua realidade, plantam resistências e espalham esperança porque apontam caminhos e antecipam a libertação. É somente depois da destruição da capital (Samaria) e dos poderosos da monarquia do Reino do Norte pelos assírios que os camponeses conseguirão instituir e apresentar as palavras dos profetas do norte, Amós e Oseias, como "palavra de Javé", e é desta forma e neste momento que Amós e Oseias são instituídos como profetas de Javé, e assim eles entram na Bíblia. Antes eles eram somente parte importante do movimento camponês de Israel. O mesmo processo se dá com os profetas do sul, como Miqueias, Isaías, Jeremias, Sofonias, Habacuc e outros que atuaram antes do exílio. Para os camponeses, todos eles são profetas de Javé. Mas as autoridades somente vão aceitá-los como profetas depois da destruição de Jerusalém. Assim, o primeiro versículo inicialmente identificava o livro como "palavras do profeta Miqueias", mas no exílio, ou no pós-exílio, deve ter sido acrescentada a informação do período histórico "nos dias de Joatão, Acaz e Ezequias, reis de Judá" e também a classificação do livro como "palavra de Javé que foi dirigida a Miqueias" (HAHN, p. 46).

## ESTRUTURA DO LIVRO DE MIQUEIAS

Por isso, no livro de Miqueias não temos somente a palavra de Miqueias. Como em quase todos os livros da Bíblia, temos palavras de muita gente e de muitos tempos e contextos. As partes do livro que estão mais diretamente relacionadas ao profeta Miqueias são 1,8-16; 2,1-11 e 3,1-12. Já em 6,1–7,7, um dito profético contra a Samaria pode ter vindo do Reino do Norte e, por semelhança de linguagem, fora anexado aos ditos de Miqueias por seus discípulos. O livro de Miqueias também tem relação com Isaías. Compartilham uma mesma profecia: Mq 4,1-4 e Is 2,2-5. Embora Miqueias tenha sido contemporâneo de Isaías, que atuou entre 740-687 a.C., a vinculação entre as duas profecias deve ter sido feita posteriormente por algum discípulo deles. Mas há também textos que mostram uma teologia diferente e que indicam que outros grupos atuaram na redação do livro. São oráculos de restauração, esperança e salvação, que aparecem intercalados com as denúncias de Miqueias, como, por exemplo: 2,12-13; 4,5–5,13; 7,8-20. Esses oráculos vêm de outros contextos e também de outros sujeitos históricos, pois têm teologias diferentes. O oráculo de Mq 3,12, que fala da destruição do Templo, não combina com Mq 4,1-4, que coloca o Templo de Jerusalém como centro do mundo! Esses oráculos de salvação devem ter sido acrescentados no pós-exílio, no retorno dos exilados e na restauração de Jerusalém e do Templo. Certos acréscimos e modificações nos textos de Miqueias e nas traduções que dele foram feitas podem ser considerados verdadeiras traições e "censuras" ao profeta (PIXLEY, 2000, p. 185-186).

## MORASTI GAT: FORTALEZAS MILITARES E TERRAS FÉRTEIS

Mq 1,1 e também Jr 26,18 nos informam que Miqueias é de Morasti, isto é, provém de Morasti Gat, citada em Mq 1,14. Não há como saber exatamente se Miqueias viveu dentro da vila de Morasti ou no campo, entre os camponeses. Porém, pelo fato de suas palavras terem sido guardadas pelos "anciãos da terra" (Jr 26,18), podemos com certeza afirmar que Miqueias era um deles. Um camponês, possivelmente um dos anciãos, um dos líderes das famílias camponesas.

Morasti era uma aldeia judaica que se situava a uns 35 km a sudoeste de Jerusalém, a 25 km a noroeste de Hebron e a 15 km a oriente de Gat, uma das cinco grandes cidades dos filisteus. Por isso era chamada de "Morasti Gat". Ficava também a uns 30 km a ocidente de Técoa, a terra de Amós (Am 1,1). Morasti ficava, portanto, na região chamada Sefelá. Era uma região paralela ao mar Mediterrâneo e ficava entre as cidades filisteias e a cadeia de montanhas de Judá.

A Sefelá ficava nas encostas da subida para Judá, e Morasti estava a mais ou menos 400 m acima do nível do mar. Muitas vezes chamada de "planície da Sefelá", ou "Shefelá", era na verdade uma região formada por uma cadeia de colinas de pedra calcária, aos pés da cadeia montanhosa de Judá. Começava a oeste de Jerusalém e ia para o sul até se fundir com os planaltos do deserto de Negueb. Com uma formação peculiar, essas colinas desciam suavemente, arredondadas ou cônicas, atingindo alturas entre 100 e 450 m. Eram cortadas por numerosos *wadis* (leitos de rios que só possuem água no período das chuvas) e possuíam muitos vales longitudinais, no sentido norte-sul.

A Sefelá tinha uma grande importância estratégica para Judá por dois motivos principais. O primeiro é que era o caminho de acesso ocidental para Judá. Os *wadis* eram usados como caminhos para Judá. Através deles se podia acessar, por exemplo, as cidades de Gabaon, Betel e Jerusalém, entre outras. Morasti era uma cidadezinha fortificada e ficava entre uma série de cidades-fortalezas, como Gezer, Laquis, Bet Shemesh, Maresa e outras (Mq 1,8-16), que garantiam uma primeira linha de defesa das fronteiras de Judá com a Filisteia. Guardavam as vias de acesso a Jerusalém e também as estradas comerciais e militares que levavam ao Egito. Isso fazia com que houvesse em toda a região uma forte e massiva presença militar. Essas fortalezas também visavam proteger os campos e a produção agrícola da Sefelá. A Sefelá era também uma das mais importantes áreas agrícolas do reino de Judá. Este é o segundo aspecto estratégico da Sefelá. Tem a ver com a produção agrícola. A região era a mais fértil de Judá, com numerosos rebanhos de ovelhas, uma rica produção de cevada e trigo, e muitas vinhas e oliveiras (Jz 14,5; 1Rs 10,27; 1Cr 27,28), e nos tempos antigos possuía muitos bosques. Nesta faixa de mais ou menos 45 km de norte a sul e 15 km de leste a oeste, nos tempos de Miqueias viviam, portanto, muitos militares, nas fortalezas, e muitas comunidades de agricultores nas terras que as circundavam.

## MIQUEIAS: UM LÍDER CAMPONÊS

Como o texto de Jeremias nos revela, as palavras de Miqueias foram guardadas pelos "anciãos da terra". Podemos supor que Miqueias era um deles. A vida e a profecia de Miqueias serão marcadas pelo contexto em que vivia. Era uma região com intensa presença militar em meio a muitos camponeses, em sua grande maioria pobres. As comunidades camponesas lutavam para manter as características do seu modo de vida, estabelecido desde as raízes, nos primórdios do Israel tribal. Propriedade comum da terra, instituições de autonomia e de ajuda mútua, buscavam evitar acúmulos de poder e de riqueza, bem como o crescimento das desigualdades sociais.

As denúncias de Miqueias eram contra aqueles que promoviam a desestruturação da vida nos moldes tribais: contra as autoridades políticas, judiciais, militares e religiosas de Jerusalém (Mq 3). Atacavam também os comerciantes (6,10-12), os especuladores fundiários e os usurários em tempos de guerra (2,1-5.8-9) (MAILLOT, LELIÈVRE, p. 14). Eram palavras de um homem do campo. O enraizamento camponês de Miqueias e de seu movimento profético transparece também ao considerar Jerusalém e Samaria, as duas cidades capitais, como o resumo dos pecados de Israel (1,5), e ao afirmar que o verdadeiro rei não deveria ser procurado nas capitais e, sim, em Belém, um vilarejo camponês (5,1).

> É isso que sabemos da pessoa de Miqueias. E, sem dúvida, é pouco. Desse fato se deve deduzir que, para aqueles que colecionaram as palavras do profeta, a pessoa de Miqueias não era tão importante. O importante não foi o profeta, mas sua profecia. O mensageiro desaparece por detrás de sua mensagem. Não ele, mas a "Palavra do Senhor" (Mq 1,1) é o que interessa. Aliás, é exatamente isso que o profeta deixa transparecer na única vez que fala de si: "Eu porém estou cheio de poder, do espírito do Senhor, de justiça e de força, para anunciar a Jacó a sua rebelião e a Israel o seu erro" (Mq 3,8) (SCHWANTES, p. 8).

# O CONTEXTO DE MIQUEIAS: TEMPOS CONTURBADOS PELA DOMINAÇÃO EXTERNA E INTERNA

Durante o longo reinado de Ozias (781-740 a.C.) e de seu filho Joatão (740-736 a.C.), Judá expandiu-se. E com o controle das duas grandes rotas comerciais que ligavam ao Egito (o caminho do mar) e a Elat, no mar Vermelho (o caminho dos reis), experimentou grande prosperidade (2Cr 26,1–27,9). Porém, no sistema monárquico geralmente a prosperidade tinha um custo muito alto para os camponeses. Para expandir-se é necessário exército forte, fortalezas etc. Significava mais trabalhos forçados e mais tributos sobre os camponeses, seja para manter o exército, seja para o comércio. Já nessa época Isaías denunciava as injustiças, a ganância e a corrupção dos poderosos e das lideranças de Judá (Is 1,10-20). Porém, no final do governo de Joatão, o Império Assírio crescia e sua força política e militar avançava para o auge. A partir de 740 a.C., o poder do Império Assírio começou a ser sentido na Palestina. Na Síria, em Israel, em Judá, e em todos os pequenos países vizinhos, as classes dominantes estavam divididas entre pró-assírias e antiassírias.

Em 740 a.C., o imperador assírio Teglat Falassar III, ou Pul, como ele se fez chamar na Babilônia, impôs seu poder na Síria e determinou pesados tributos sobre Israel, o Reino do Norte (2Rs 15,19-20). Os grupos antiassírios, no entanto, organizaram-se para expulsar os conquistadores assírios. Os israelitas da região de Galaad, aliados aos arameus (sírios) descontentes, comandaram a rebelião (2Rs 15,25). Os israelitas e os arameus tentaram envolver Judá nessa coalizão antiassíria. Porém, o filho de Joatão, Acaz, que reinou em Judá de 736 a 716 a.c., recusou-se a participar da rebelião. Então, em 735-734 a.c. Israel e Aram promoveram uma guerra contra Judá, para forçá-lo a integrar-se na resistência ao domínio assírio. Essa é a chamada guerra siro-efraimita. E são desse período vários oráculos de Isaías contra Israel e contra Aram. Acaz, no entanto, pediu proteção à Assíria em troca de submissão ao império. Isaías também criticou essa Aliança. A Assíria, no entanto, aproveitou a situação para ampliar o seu império. Atacou Aram e arrasou Damasco, sua capital, e tomou posse de várias cidades estratégicas de Israel (2Rs 15,29).

Teglat-Falassar II morreu em 727 a.C. E os pequenos reinos vassalos, encabeçados pelo rei Oseias, de Israel, e estimulados pelo Egito e pela Babilônia, aproveitaram as turbulências da sucessão assíria e pararam de pagar os tributos, iniciando nova rebelião (2Rs 17,4). Acaz, de Judá, novamente se recusou a participar, permaneceu fiel vassalo, pagando tributos à Assíria. A sucessão na Assíria resolveu-se com Salmanassar V tornando-se o novo imperador. Ele governaria de 726 a 722 a.C. Para pôr fim à rebelião na Palestina, em 726 Salmanassar invade Israel e sitia Samaria. Porém, será seu filho Sargon II (725-705 a.C.) que irá tomar e destruir Samaria em 722 a.C., deportando parte da elite opositora, além de anexar Israel como uma província do Império Assírio, assentando ali milhares de famílias trazidas de outros povos (2Rs 17,1-6.24-33).

No Sul, agora já na época de Miqueias, a situação oscilou entre enfrentamento e colaboração. O povo pobre e trabalhador ficava no meio deste jogo. Os grandes fazendeiros e os poderosos exploravam o povo, seja para participar na grande rede comercial que percorria todo o Império Assírio, seja para fortalecer-se para a guerra. O povo era esmagado no jogo das forças políticas, econômicas e militares:

> E eu digo: "Ouvi, pois, chefes de Jacó, e dirigentes da casa de Israel! Por acaso não cabe a vós conhecer o direito, a vós que odiais o bem e amais o mal, que lhe arrancais a pele e a carne de seus ossos? Aqueles que comem a carne de meu povo, arrancam-lhe a pele; quebram-lhe os ossos, cortam-no como carne dentro da panela e como vianda dentro do caldeirão" (Mq 3,1-3).

Inicialmente o rei Ezequias (716-687 a.C.) foi submisso aos assírios. Porém, em 713 a.C. as cidades-estados filisteias, incitadas pelo Egito, promoveram uma nova rebelião. E desta vez Ezequias, o jovem rei de Israel, mesmo contrariando a posição defendida pelo profeta Isaías (Is 18,1-6), aliou-se aos rebeldes. Em 711 a.C. Sargon II dominou a rebelião filisteia e tomou Azoto. Judá escapou de sofrer consequências mais drásticas porque rapidamente se retirou da coligação rebelde. Mas mesmo assim mais uma vez precisou declarar sua submissão à Assíria, pagando pesados tributos.

Sargon II morreu em 705 a.C. e foi substituído por Senaquerib (704-681 a.C.). Aproveitando a mudança de imperador, e uma possível fraqueza do novo imperador, em 703 a.C. o caldeu Marduk-Apal-Idina (Merodac Baladã) "assumiu o poder na Babilônia e começou a se organizar contra Senaquerib, e convocou uma grande coalizão militar" (ZABATIERO, 1996, p. 14), liderando um novo movimento antiassírio. Ezequias invade as cidades filisteias (2Rs 18,8) e obriga-as a participarem da rebelião. Envia mensageiros ao Egito em busca de apoio. O profeta Isaías condenou veementemente essa iniciativa (Is 30,1-5; 31,1-3), mas, ao invés de ser ouvido, foi ridicularizado e desprezado (Is 28,7-13; 30,8-17). Em 701 a.C. Senaquerib subjugou os filisteus apoiados pelo Egito em Acaron e retomou o controle da Filisteia. E, subindo da terra dos filisteus, invadiu Judá. Passou pela Sefelá, região de Miqueias. Conquistou 46 cidades fortificadas de Judá e cercou Jerusalém. Várias das cidades destruídas são citadas na lamentação apresentada em Mq 1,8-16. Laquis, a maior das fortalezas do sistema defensivo de Jerusalém, foi totalmente arrasada. Esse ato foi comunicado a Ezequias como uma amostra do que o exército assírio era capaz de fazer e também do que certamente poderia fazer com Jerusalém. Ezequias se rendeu e se submeteu, novamente pagando imensos tributos (NAKANOSE, 2014, p. 899-900).

## E COMO VIVIAM OS CAMPONESES DE JUDÁ, "MEU POVO", DE MIQUEIAS?

Miqueias atuou entre 700 ou 722 até 701 a.C. Como visto antes, foi um tempo conturbado, marcado pela presença imperial assíria. Uma dominação imperial estrangeira tem graves consequências na vida de um povo, especialmente dos mais pobres, os que têm menos representantes no poder. Culturalmente, a influência da cultura e da religião do império enfraquecem a cultura local. A Assíria parece não ter imposto sua religião sobre o vassalo Judá. Mas as tropas militares e os comerciantes assírios em Judá, os reis vassalos, ou as famílias judaítas que tinham interesses nos negócios com a Assíria podem ter promovido os cultos assírios, como podemos ver em 2Rs 16,10-18. Essa introdução de novos cultos não só abala a identidade judaíta, mas significa acima de tudo um aumento dos tributos. Além de entregar oferendas nos altares de Judá, os camponeses precisavam arcar também com as oferendas nos santuários assírios. A descrição de 1Sm 8,1-18, o chamado "direito do rei", serve bem para descrever o que era exigido dos camponeses nessa situação (1Rs 14,25-27; 2Rs 12,18-19; 15,19-20; 16,8; 18,14-16; 23,33-35). Embora os relatos dos livros dos reis falem do tesouro do Templo como a fonte do dinheiro e das riquezas para o pagamento dos tributos, "certamente o mesmo seria cobrado do campesinato – pois somente da produção agrícola que Judá poderia arrecadar 'dinheiro' no comércio internacional" (ZABATIERO, 1996, p. 15-16).

E mais especificamente no contexto de Miqueias, devemos considerar toda a movimentação militarista ocorrida, especialmente, na "guerra siro-efraimita" e na resistência e enfrentamento da dominação assíria ocorrida durante os primeiros vinte anos do reinado de Ezequias. Nesse quadro devemos inserir a chamada "reforma de Ezequias". Havia uma boa intenção na reforma. Isso acontece no âmbito da resistência contra a dominação assíria. Buscava livrar Judá da dominação e do pagamento dos tributos aos assírios. Mas seu peso maior recaiu sobre os camponeses, beneficiando as elites, especialmente sacerdotes, comerciantes e membros da corte de Jerusalém. Foi um imenso processo de concentração de poder e riquezas em Jerusalém, aprofundando ao extremo as já grandes desigualdades sociais.

## CONCLUSÃO

Em resumo, no período de atuação de Miqueias, entre 722 e 701 a.c., Judá, e especialmente Jerusalém, passam por um período de intensa atividade de construção, organização de defesas e de exército, tudo praticamente financiado pela grande centralização religiosa realizada pelo rei Ezequias. Esse período se estende desde a preparação para enfrentar uma guerra com a Assíria, até as transformações econômicas impulsionadas pela integração de Judá na grande rede comercial do Império Assírio, que ligava Egito, Arábia, Mesopotâmia e Ásia Menor.

Entre 722 e 701, Jerusalém viu sua população aumentar de 1.000 habitantes para 15.000. Isso se deu pela chegada de muitas famílias de israelitas abastados que fugiram do Reino do Norte após a destruição de Samaria. Para isso os muros e o tamanho da cidade foram aumentados e a área protegida pela muralha passou de 5 hectares para 60 hectares no mesmo período (LIVERANI, 2008, p. 197). O dinheiro para o estado de Judá realizar estas obras veio da reforma de Ezequias, que instituiu Javé como o único Deus de Judá e destruiu todos os locais de culto e de oferendas religiosas fora de Jerusalém. Com Jerusalém como único local de culto, todas as oferendas eram concentradas no Templo e reforçavam o tesouro do estado judaíta. Com a riqueza acumulada pela centralização dos tributos, a monarquia de Ezequias pôde realizar grandes intervenções urbanas. Na capital o muro foi ampliado, inclusive com a demolição de casas

(Is 22,10), criando bairros novos, chamados de *Mishne* e *Mactesh* (Sf 1,10-11), fazendo surgir na verdade uma cidade nova. Um túnel foi escavado na pedra para levar água de maneira segura para dentro da nova área murada e para abastecer os novos habitantes. As atividades de construção também ocorreram em outras áreas de Judá. As fronteiras do país foram reforçadas com linhas de cidades-fortaleza. "A lista de fortalezas judaicas que 2Cr 11,5-12,23 atribui a Roboão, deve ser atribuída com toda probabilidade a Ezequias" (LIVERANI, 2008, p. 197). Especialmente na região de Miqueias, a Sefelá, Laquis (Mq 1,13),

> no fim do século VIII foi cercada por um forte muro, com dupla porta de saída da cidade: interna de seis divisões e externa, com rampa em cotovelo. A porta ia dar numa praça da qual, mediante outra porta de seis divisões, se tinha acesso ao complexo do palácio. Era, portanto, um centro administrativo importante e muito bem munido na época do assédio de Senaquerib (LIVERANI, 2008, p. 197).

Assim, todas essas obras e preparativos para guerra, ou abastecimento para o comércio, pesavam imensamente sobre os camponeses. Nesse período Judá alcançou grande crescimento econômico, político e administrativo. Sem a sombra do Reino do Norte e da Samaria, Judá cresceu e ganhou uma importância que nunca teve no cenário local e internacional. Conforme Finkelstein e Silberman, será somente depois destruição de Samaria e da anexação de Israel pela Assíria, que Judá se tornará um estado monárquico tributarista completamente desenvolvido – um estágio que o Reino do Norte havia alcançado pelo menos um século antes. Esses autores explicitam que:

> Por completamente desenvolvido queremos dizer: um território governado por uma máquina burocrática, que se manifesta na estratificação social confirmada pela distribuição de itens de luxo, por grandes projetos de construção e por próspera atividade econômica, incluindo o comércio com as regiões vizinhas e um sistema de assentamento completo e desenvolvido (FINKELSTEIN; SILBERMAN, 2003, p. 220).

Foi então, no período de Miqueias, que o estado de Judá exerceu plenamente o seu "direito", expresso em 1Sm 8,11-16:

> Esse será o direito do rei que reinará sobre vós: ele convocará os vossos filhos e os encarregará dos seus carros de guerra e de sua cavalaria e os fará correr à frente do seu carro; e os nomeará chefes de mil e chefes de cinquenta, e os fará lavrar a terra dele e ceifar a sua seara, fabricar as suas armas de guerra e as peças de seus carros. Ele tomará as vossas filhas para perfumistas, cozinheiras e padeiras. Tomará os vossos campos, as vossas vinhas, os vossos melhores olivais e os dará aos seus servos. Das vossas sementes e das vossas vinhas ele cobrará o dízimo, que destinará aos seus eunucos e aos seus servos. Os melhores dentre vossos servos e vossas sevas, e de vossos adolescentes, bem como vossos jumentos, ele os tomará para o seu serviço. Exigirá o dízimo dos vossos rebanhos, e vós mesmos vos tornareis seus servos (1Sm 8,11-17).

A Bíblia nos dá as duas visões sobre esse processo. De um lado, temos a visão do grupo dominante. A corte do rei Ezequias, com seus profetas, sacerdotes e escribas. Eles produzem uma história oficial de Israel (o esboço da chamada história deuteronomista: Dt, Js, Jz, 1 e 2 Sm, 1 e 2 Rs), legitimando toda a obra do rei Ezequias. Nessa obra Ezequias é apresentado como o rei que "fez o que agrada aos olhos de Iahweh, imitando tudo o que fizera Davi, seu antepassado. Foi ele que aboliu os lugares altos, quebrou as estelas, cortou o poste sagrado, e reduziu a pedaços a serpente de bronze que Moisés havia feito, pois os israelitas até então lhe ofereciam incenso; chamavam-na Noestã. Pôs sua confiança em Iahweh, Deus de Israel. Depois dele não houve, entre todos os reis de Judá quem se lhe pudesse comparar, e antes dele também não houve. Conservou-se fiel a Iahweh, sem jamais se afastar dele, e observou os mandamentos que Iahweh prescrevera a Moisés. Por isso Iahweh esteve com ele e ele teve êxito em todos os seus empreendimentos" (2Rs 18,3-7a).

Mas em alguns trechos de Isaías, que também atuou nessa época e, especialmente, em Mq 1–3, temos a visão do outro lado, o lado dos mais fracos. Isaías e Miqueias também falavam "palavras de Javé", mas as palavras de Javé do ponto de vista dos camponeses, dos pobres, que ali são chamados "meu povo":

Ai dos que juntam casa a casa, dos que acrescentam campo a campo até que não haja mais espaço disponível, até serem eles os únicos moradores da terra. Iahweh dos exércitos jurou aos meus ouvidos: certamente muitas casas serão reduzidas a ruína, grandes e belas, não haverá quem nelas habite. Dez jeiras de vinha produzirão apenas uma metreta, um coro de sementes renderá apenas um almude (Is 5,8-10).

Ai daqueles que planejam a iniquidade e que tramam o mal em seus leitos! Ao amanhecer, eles o praticam, por que está no poder de sua mão. Se cobiçam campos eles os roubam, se casas, eles as tomam; oprimem o varão e sua casa (Mq 2,1-3).

As mulheres do meu povo vós expulsais cada qual da casa que amava. De seus filhos tirais para sempre a honra que vem de mim (Mq 2,9).

E eu digo: Ouvi, pois, chefes de Jacó, e dirigentes da casa de Israel! Por acaso não cabe a vós conhecer o direito, a vós que odiais o bem e amais o mal, que lhe arrancais a pele e a carne de seus ossos? Aqueles que comem a carne de meu povo, arrancam-lhe a pele; quebram-lhe os ossos, cortam-no como carne dentro da panela e como vianda dentro do caldeirão (Mq 3,1-3).

Também hoje temos uma grande mídia que exalta as "virtudes" e os vitoriosos, os "vencedores" dentro do sistema neoliberal. E, apesar da extrema iniquidade desse sistema que promove a destruição da natureza em níveis jamais vistos, inclusive ameaçando a continuidade da vida humana no planeta, promovendo a marginalização, e uma concentração de renda mais que escandalosa, criminosa: "um estudo divulgado nesta segunda-feira 19 pela ONG britânica Oxfam afirma que, em 2016, as 37 milhões de pessoas que compõem o 1% mais rico da população mundial terão mais dinheiro do que os outros 99% juntos"[2]; há igrejas, pregações cristãs e teologias cristãs extremamente afinadas e aliadas com esse sistema. Legitimam e abençoam esse sistema em nome de Jesus, em nome de Deus. Não falam das injustiças, das violências, distorcem e desdenham dos discursos de defesa dos direitos humanos...

Que o estudo e a reflexão sobre o livro de Miqueias nos auxiliem a discernir e a seguir, de entre as muitas vozes que ecoam em nossa sociedade, em nossas igrejas, a verdadeira voz de Deus, o Deus da Vida, o Deus de Miqueias, o Deus de Jesus. Escutemos os profetas...

## REFERÊNCIAS

DIETRICH, Luiz José. Realidade e memória: profecia, esperança e utopia. In: DIETRICH, Luiz José; FRIGERIO, Tea. *Utopia*: sementes e caminhos. São Leopoldo: CEBI, 2008, p. 15-27. (A Palavra na Vida, n. 245.)

FINKELSTEIN, Israel; SILBERMAN, Neil Asher. *A Bíblia não tinha razão*. São Paulo: A Girafa, 2003.

HAHN, Noli Bernardo. *A profecia de Miqueias e "meu povo"*. Memórias, vozes e experiências. Santo Ângelo: EDIURI, 2005.

LIVERANI, Mario. *Para além da Bíblia*. História antiga de Israel. São Paulo: Paulus/Loyola, 2008.

---

[2] <http://www.cartacapital.com.br/economia/oxfam-em-2016-1-mais-ricos-terao-mais-dinheiro-que-resto-do-mundo-8807.html>. Nessa mesma reportagem afirma-se também: "as companhias mais ricas do mundo usam seu dinheiro, entre outras coisas, para influenciar os governos por meio de *lobbies*, favorecendo seus setores. No caso particular dos Estados Unidos, que concentram junto com a Europa a maior parte dos integrantes do 1% mais rico, o *lobby* é particularmente prolífico, afirma a Oxfam, para mexer no orçamento e nos impostos do país, destinando a poucos os recursos que 'deveriam ser direcionados em benefícios de toda a população'". A Oxfam, ONG inglesa que preparou este relatório, deixa-nos a pergunta: "Nós realmente queremos viver em um mundo no qual o 1% tem mais do que nós todos juntos?".

MAILLOT, Alphonse; LELIÈVRE, A. *Atualidade de Miqueias*. Um grande "profeta menor". São Paulo: Paulinas. 1980.

NAKANOSE, Shigeyuki. Isaías. Introdução. In: *Nova Bíblia Pastoral* (NBP 1). São Paulo: Paulus, 2014.

PIXLEY, Jorge. Miqueas, el libro, y Miqueas, el profeta. *RIBLA – Revista de Interpretación Bíblica Latinoamericana*, Quito, n. 35-36, p. 182-186, 2000.

SCHWANTES, Milton. *Igreja como povo. "Meu povo" em Miqueias*. São Leopoldo: CEBI, 1989. (A Palavra na Vida, n. 15.)

ZABATIERO, Júlio Paulo Tavares. *Miqueias*: voz dos sem--terra. (Comentário Bíblico – AT). Petrópolis/São Leopoldo: Vozes/Sinodal, 1996.

CAPÍTULO 5

# UM ANÚNCIO DE ESPERANÇA PARA SIÃO E JERUSALÉM

## MIQUEIAS 4,1-8

*Ildo Perondi[1]*

### INTRODUÇÃO

O texto de Mq 4,1-8 apresenta uma série de problemas para quem decide estudá-lo. Os comentaristas encontram muitas dificuldades em aceitar que o texto tenha sido escrito pelo profeta Miqueias. Outra dificuldade que encontramos é que a parte de 4,1-3 é sinótica a Is 2,2-4, então surge uma dúvida: Miqueias copiou de

---

[1] Professor de Bíblia e coordenador da graduação em Teologia da PUC-PR, *campus* de Londrina.

Isaías ou Isaías de Miqueias, ou ainda os dois copiaram de outra fonte comum? Outro problema é que no texto se afirma que das espadas se farão arados e das lanças podadeiras, e o profeta Joel vai dizer justamente o contrário.

E, no entanto, a passagem que vamos estudar não é de denúncia, como foram os capítulos anteriores (Mq 1–3), mas de anúncio e promessa de salvação. Portanto, depois de tantas denúncias contra as injustiças e contra os opressores do povo que habitam em Jerusalém, que bom que vamos encontrar uma palavra de anúncio e de esperança para animar o povo. Se nos capítulos 1–3 o profeta denunciava as ameaças contra a vida do povo, agora se anuncia um tempo de paz, onde as armas de guerras serão transformadas em instrumentos de trabalho.

Portanto, será sobre o texto de Mq 4,1-8 e sobre as questões antes elencadas, nada fáceis de responder, que nos vamos debruçar procurando oferecer algumas respostas ou pelo menos algumas pistas para a compressão do texto.

## O TEXTO DE MIQUEIAS 4,1-8

Apresentamos a seguir uma proposta de tradução do texto e que depois será analisado e comentado nas partes principais.

[1]E irá acontecer no fim dos tempos,
que o monte da casa do SENHOR
será firmemente estabelecido como a montanha
mais elevada e será exaltado acima das colinas.
E a ele muitos povos afluirão.
[2]Virão numerosas nações, que proclamarão:

"Vinde, subamos ao monte do SENHOR,
para a casa do Deus de Jacó.
[3]Ele nos ensinará os seus caminhos
e nós caminharemos pelas suas veredas.
porque de Sião sairá a Lei
e de Jerusalém a palavra do SENHOR".
Ele julgará entre muitos povos
e será árbitro de nações poderosas.
E fundirão suas espadas e as converterão em arados,
e suas lanças em podadeiras.
Uma nação não levantará a espada contra outra nação
e não aprenderão mais a arte da guerra.
[4]Cada homem se sentará debaixo de sua videira e debaixo de sua figueira
e ninguém os assustará
Porque a boca do SENHOR dos Exércitos proclamou!
[5]Pois todos os povos caminharão, cada qual em nome do
seu deus;
nós, porém, caminhamos em nome do SENHOR,
nosso Deus, para sempre e eternamente.
[6]Naquele dia – oráculo do SENHOR –
reunirei as estropiadas,
congregarei as dispersas
e as que maltratei.
[7]Farei das estropiadas um resto,
e das dispersas uma nação poderosa.
E o SENHOR reinará sobre elas
no monte Sião
desde agora e para sempre.
[8]E tu, ó Torre do Rebanho,
colina da filha de Sião,
a ti voltará o reino original,
a realeza da filha de Jerusalém.

## O CONTEXTO DE MIQUEIAS 4,1-8

A passagem faz parte do bloco intermediário do Livro de Miqueias, ou seja: os capítulos 4 e 5, cuja autoria é difícil de atribuir. Os textos que antecedem a nossa perícope (Mq 1–3) são considerados autênticos, ou pelo menos em sua maioria, e constituem o bloco atribuído ao profeta Miqueias de Morasti. São textos de denúncias contra todo o sistema que oprime o povo: político, religioso, jurídico e econômico.

Já o bloco final, de Mq 6–7, é atribuído por alguns (LACY, 1998, p. 127) a um segundo Miqueias, um profeta anônimo do Reino do Norte e contemporâneo ao Miqueias de Morasti, o autêntico que é do Reino do Sul.

Diaz (1991, p. 1063; 2011, p. 326) prefere dividir o Livro em dois blocos: 1–5 e 6–7, porém sem afirmar que os capítulos 4–5 sejam de autoria do profeta Miqueias do Sul, já que estes capítulos contêm muitas referências ao exílio da Babilônia, portanto, seriam de uma época posterior. Reconhece que dificilmente os mesmos sejam de um mesmo autor, onde "um ou vários autores posteriores teriam acrescentado suas glosas ou seus anúncios a fim de comentar, aplicar ou corrigir os oráculos de Miqueias" (DIAZ, 1991, p. 1085).

Em Mq 4–5 não temos o forte apelativo "Escutai...", presente no restante do Livro (1,2; 3,1; 3,9; 6,1-2; 6,9). Porém, somente neste bloco é que encontramos a expressão "Oráculo do Senhor" (4,6; 5,9), tão cara aos profetas. Além disso, a linguagem é muito mais urbana, diferente de Mq 1–3, que apresenta uma linguagem e imagens de um estilo mais rural (ZABATIERO, 1996, p. 84).

O primeiro bloco (Mq 1–3) deve ser anterior ao profeta Jeremias, que cita Miqueias como profeta que anuncia o castigo (Jr 26,18). Uma diferença é que em Mq 4–5 encontramos anúncios de promessas de salvação e de esperança. Mas também não há unanimidade quanto a este modo de interpretar o bloco, pois alguns autores propõem que 4,1–5,15 são oráculos de salvação. Zabatiero vê a seção de Mq 4–5 "composta de oráculos de salvação, provenientes dos períodos exílico e pós-exílico" (1996, p. 24). Todo o bloco que compreende de 4,1 a 5,14 estaria construído dentro de um esquema concêntrico muito bem elaborado (ZABATIERO, 1996, p. 27). Outros, como Diaz, não veem este bloco como oráculo de salvação, preferindo interpretar estes textos como "debate entre Miqueias e os falsos profetas sobre o tema da salvação" (DIAZ, 2011, p. 326). Assim, os capítulos 4–5 seriam respostas dos falsos profetas às profecias do profeta Miqueias em Mq 1–3.

Preferimos, então, concordar com Zabatiero, que vê nestes dois capítulos "o trabalho de profetas anônimos, de um tempo, ou tempos, posterior(es) à destruição de Jerusalém pelos babilônicos, em 587 a.C." (1996, p. 84).

Portanto, entendendo e respeitando várias hipóteses e as dificuldades que os próprios biblistas encontram sobre a autoria, vamos nos deter no texto final que chegou até nós. Será nesta perspectiva que será analisado e interpretado o texto de Mq 4,1-8.

## A QUESTÃO SINÓTICA DE MIQUEIAS 4,1-4 E ISAIAS 2,2-4

O oráculo de Mq 4,1-4 é uma profecia messiânica e está presente também no livro do profeta Isaías

(Is 2,2-4). Em Isaías não se encontra o v. 4 de Miqueias. Miqueias copiou o texto de Isaías, ou o contrário? Ou os dois copiaram a profecia de um texto já existente? Outra hipótese seria que um autor teria incluído o texto em ambos os livros. Os biblistas não possuem uma explicação para resolver o problema.

Maillot e Lelièvre sugerem que "Miqueias e Isaías citariam um mesmo texto, anterior a eles, o qual pertenceria ao que se poderia chamar 'cânticos de Sião'" (1980, p. 93). Então o cântico teria origem num grupo de piedosos que alimentavam uma visão positiva para a cidade. Se, por um lado, Jerusalém era a cidade dos opressores denunciados pelo profeta (Mq 1–3), tanto Isaías como Miqueias incluem o cântico de esperança sobre a cidade de Jerusalém, pois acreditam na eleição e nas promessas de Deus. Eles reforçam, assim, os desígnios de Deus, mesmo que alguns escarnecessem e menosprezassem esta eleição e continuassem praticando injustiças.

## ANÁLISE EXEGÉTICA E TEOLÓGICA DO TEXTO

Analisaremos a seguir, do ponto de vista exegético e teológico, os principais termos e expressões contidos em Mq 4,1-8:

– *No fim dos tempos* (4,1a): alguns preferem traduzir por "no fim dos dias (BJ)" ou ainda "nos tempos futuros" (TEB; SCHÖKEL; DIAZ, 1980, p. 1058). Não se trata de fim do mundo. Mais que um tempo cronológico é o fim de um ciclo e início de um novo tempo onde, mesmo que não se anuncia a transformação radical da existência humana, a mesma é sugerida (MONLOUBOU, 1983, p. 66). Espera-se por uma época de convivência pacífica entre os povos, a era da paz escatológica que envolve todas as nações. Sonha-se com o fim das guerras e das hostilidades entre os povos. Este tempo messiânico tão esperado não é uma utopia inalcançável, mas um tempo que pode e deve acontecer.

– *Monte da Casa do SENHOR* (4,1b): sobre o Monte Sião foi o construído o Templo, em Jerusalém. Devia ser o lugar do encontro de Deus com o seu povo. Nos Salmos é frequente esta referência ao Monte Sião, como os Sl 46, 48 e 76 ou os "Salmos das subidas" (Sl 120–136) que os peregrinos cantavam quando iam em peregrinação a Jerusalém. O texto dá a ideia de uma construção sólida e segura. Ao mesmo tempo prevê a restauração do Templo do Senhor. Como lugar do encontro do povo com o seu Deus, a cena surge como uma anti-Babel. Se a torre de Babel foi símbolo da confusão (Gn 11,1-9), o Monte da Casa do Senhor será o lugar do encontro e da paz. Espera-se que a cidade criticada violentamente pelo profeta Miqueias na primeira parte do Livro (1–3) torne-se "o lugar da legítima vocação humana: a partilha dos bens e da liberdade, dando lugar a um sistema econômico e político que, de fato, traga liberdade e vida para todos" (STORNIOLO, 1990, p. 41).

– *Povos e nações afluirão* (4,2a): a ideia de convergência dos povos em direção a Jerusalém está em outros profetas, como Is 56,6-8; 60,1-22; 66,18-20; Ag 2,7; Zc 8,20-23. É uma tentativa de universalizar a fé ao monoteísmo de Israel.

– *Casa do Deus de Jacó* (4,2b): a referência a Jacó indica que o Reino do Norte (Israel) também é chamado para vir a Jerusalém. Possivelmente, sonha-se com a restauração do reinado de Davi, antes da divisão ocorrida em 931 a.C., quando o Reino do Norte (Jacó) separa-se do Reino do Sul (Judá) (1Rs 12,1-19).

– *Ele nos ensinará seus caminhos* (4,3a): um povo sem conhecimento caminha para a perdição (Os 4,14). Por isso, o povo precisa conhecer e deixar-se ensinar pelo Senhor. A Lei do Senhor foi vista como um caminho (Sl 119). Para que o povo possa caminhar com Deus, é preciso que conheça suas leis e seus caminhos.

– *De Sião sairá a Lei* (4,2b): foi no Monte Sinai que o Senhor deu a Lei ao seu povo (Ex 19–23). Agora Sião representa o novo Sinai. É de Sião que sairá a Lei que orientará o povo a viver segundo a Aliança, praticar a justiça e viver em paz. O Segundo Isaías também anuncia algo semelhante: "Dai-me atenção, meu povo, prestai ouvido a mim, populações, pois de mim sairá uma lei, farei brilhar meu direito como luz entre os povos" (Is 51,4). Anteriormente o profeta Miqueias havia criticado duramente Sião e Jerusalém e previsto o castigo: "Por isso, por vossa culpa, Sião será arada como um campo, Jerusalém se tornará lugar de ruínas, e a montanha do Templo, um morro de matas" (Mq 3,12). Agora, espera-se uma conversão, para que Sião e Jerusalém tornem-se lugares do encontro, da paz, da justiça, do conhecimento da Lei e da Palavra de Deus.

– *De Jerusalém sairá a Palavra do SENHOR* (4,2c): esta terminologia significa a palavra profética. Esta sairá de Jerusalém (cujo nome significa "cidade da paz/ do *Shalom*") e se espalhará pelo mundo afora. Será a Palavra de Deus que protegerá as nações do ódio, da destruição e das guerras. Assim, as outras nações irão reconhecer o Deus de Israel como o Deus verdadeiro e provarão a luz de um amor desinteressado, que nunca é negado e que nenhum poder pode conquistar. A Palavra do Senhor ensinará aos povos a concórdia e o caminho da paz, orientando nessa direção as suas energias positivas. Assim, os instrumentos de guerra serão transformados em instrumentos de paz.

– *Ele será árbitro das nações* (4,3d): anuncia-se que será o próprio Senhor quem julgará os povos. Ele será como um árbitro das nações, não com uma atividade jurídica, mas política (ZABATIERO, 1996, p. 90); será o conselheiro das nações e buscará a paz solucionando os conflitos entre os povos.

– *Espadas e lanças transformadas em erados e po-dadeiras* (4,3e): o sonho da paz supõe a destruição das armas de guerra. O mesmo material que serve para matar e destruir pode ser transformado em instrumento de trabalho, ferramenta de cultivo da terra, que, por sua vez, retribuirá com os frutos e alimentos que sustentam a vida do povo. O profeta Ezequiel prevê que as armas todas servirão de lenha para o fogo durante sete anos (Ez 39,9-10). É como um grito pela paz: chega de tanta guerra! Para isso, além de transformar as armas em ferramentas, é preciso mudar a mentalidade, não mais treinar para a guerra, mas educar para a paz e a boa convivência entre as pessoas. Curiosamente o profeta Joel dirá: "Forjai de vossas relhas espadas, e de vossas podadeiras, lanças" (Jl 4,10). Seguramente o contexto é outro, quando as plantações estavam ameaçadas pelo saque dos opressores.

– *Sentados debaixo da videira e da figueira* (4,4): videira e figueira são duas imagens do povo de Israel. A imagem da videira e da figueira provém de 1Rs 5,5: "Judá e Israel viveram em segurança, cada qual debaixo da sua vinha e da sua figueira". Podia referir-se também ao tempo do tribalismo (juízes). O ideal judaico era que cada família possuísse o seu pedaço de terra onde pudesse descansar debaixo de uma figueira e da videira. Não havendo mais guerras e invasões, os agricultores poderão plantar e colher. O profeta Zacarias convida "uns aos outros debaixo da vinha e debaixo da figueira" (Zc 3,10); no tempo dos asmoneus, sob o reinado de Simão, o *príncipe do povo de El* (como ele se definia), "cada um podia ficar sentado debaixo de sua vinha e de sua figueira" (1Mc 14,12).

– *Nós caminharemos em nome do SENHOR* (4,5): enquanto os demais povos seguem os seus deuses, o povo da Aliança conhece o seu Deus, o Deus da Aliança, que fez história, que os libertou da escravidão. Caminhar com Deus é caminhar na segurança, mesmo em meio a tempos difíceis. Não é possível mudar, com Deus caminha-se eternamente e para sempre! No entanto, exige-se a fidelidade de quem caminha com ele. Mais adiante, Miqueias dirá: "Foi-te dito, ó homem, o que é bom e o que o Senhor exige de ti: nada mais do que praticar a justiça, amar a bondade e te sujeitares a caminhar com teu Deus" (Mq 6,8).

– *Oráculo do SENHOR* (4,6a): a expressão "neum Adonai" (Oráculo do Senhor) é típica dos profetas. Em todo o Antigo Testamento aparece 359 vezes, é quase exclusiva dos profetas. Somente em Gn 22,16 é o Anjo do Senhor que a pronuncia; em Nm 14,18 e em Sl 110,1 está na boca do próprio Senhor. Todas as demais vezes é dita por profetas. Em Miqueias "Oráculo do Senhor" só aparece duas vezes, aqui e em 5,9.

– *Reunirei/congregarei* (4,6b): o profeta dá a Palavra ao Senhor. Ele se revela como o pastor, aquele que reúne e vai em busca das ovelhas estropiadas; o pastor congrega as ovelhas dispersas, forma um único rebanho. Mesmo "aquelas que maltratei". Aqui seguramente uma referência aos exiliados pela Assíria no Reino do Norte, mas também ao exílio da Babilônia, flagelos vistos como um castigo de Deus (2Rs 17,13-18; Is 54,1-10; Lm 1,5; 4,22; Ez 16,43; Os 5,9-11). No entanto, não é um castigo de punição, mas para correção: "Eu educo e corrijo aqueles que amo" (Pr 3,12; Ap 3,19). Os exilados dispersos entre as nações eram comparados a um rebanho desgarrado, ovelhas coxas que não conseguem manter-se em pé (Ez 34; Sf 3,19). Então temos a promessa do retorno à pátria, onde formarão um novo povo, um novo rebanho.

– *O "resto de Israel"* (4,7a): esta expressão já havia sido mencionada por Miqueias (2,12). É uma expressão muito frequente entre os profetas, desde Isaías (Is 4,3; 6,13; 7,3; 10,20; 28,5-6; 37,31-32; Am 3,12; 5,15; 9,8-10; Sf 2,7.9; 3,12-13; Jr 3,14; 5,18; Ez 5,3; 9; 12,16; Br 2,13 etc.). "O Resto será constituído justamente pelos fracos e aflitos" (SHOKEL; DIAZ, 1980, p. 1059). Será, enfim, "o reino novo, recriado a partir dos 'restos' e dos 'estropiados' será dócil ao seu verdadeiro rei e se contentará com anunciar e explicar a Torá às nações" (MAILLOT; LELIÈVRE, 1980, p. 104). O profeta vê que agora se apresenta uma esperança para aqueles a quem tudo parecia perdido, o Resto estará seguro. Esta imagem será recordada novamente em 5,2.

*E tu, ó Torre do Rebanho* (4,8a): o termo hebraico *Ôfel* significa um tumor ou uma elevação. A Torre, além de servir como lugar de vigilância e proteção (2Rs 17,9;

18,8), pode simbolizar também força e poder (Is 2,15) (DIAZ, 1991, p. 1091). Neste texto adquire o sentido de lugar de segurança. A passagem está ligada ao texto anterior, isto é, à imagem do pastor, que no Monte Sião reunirá o seu povo, como o pastor reúne as ovelhas em lugar seguro e protegido.

– *A filha de Sião* (4,8b): Jerusalém era considerada a mãe de todos os povos (Sl 87) e Ezequiel dirá que ali é o "umbigo da terra", o centro da terra/do mundo (Ez 38,12). O povo de Deus é frequentemente chamado de filha de Sião pelos profetas. Sião deverá ser o lugar onde Deus reinará (Is 59,20; Zc 8,3), por isso receberá um nome novo: "meu prazer está nela" (Is 62,1-5). Por isso, Sião "é considerada como uma mãe entre dores, ela coloca no mundo filhos que saem do seio da cidade, ela é mãe não para o nascimento, mas para o exílio (cf. Rm 8,22s)" (MAILLOT; LELIÈVRE, 1980, p. 90).

– *A ti voltará o reino original* (4,8c): mais uma evidência de que o texto é exílico ou pós-exílico. A restauração do Reino de Judá, com o retorno à realeza, tendo Jerusalém como capital, era uma expectativa alimentada pelo grupo que conduziu os exilados do retorno do cativeiro da Babilônia. A Jerusalém destruída, abandonada e triste (2Rs 24–25; Lm 1,1-2), será o local da harmonia, do encontro e da paz.

## INFLUÊNCIA DE MIQUEIAS 1,1-8 NO NOVO TESTAMENTO

O texto de Mq 4,1-8 tem várias influências, cujas imagens e promessas de salvação encontram eco no Novo Testamento. Vamos enumerar as principais:

a) O Cristianismo viu em Jesus Cristo e no anúncio e instauração do Reino de Deus o início da realização dos tempos messiânicos.

b) O Monte Sião, como local de encontro para onde afluirão todos os povos, a anti-Babel, pode muito bem ser visto como o Pentecostes (At 2), onde os povos de todas as línguas e regiões se encontram. Aqui também podemos superar a visão restrita de Israel para uma abertura universal a todos os povos que o Cristianismo praticou desde o início.

c) De Jerusalém sairá a Palavra do Senhor, faz eco ao último anúncio de Jesus e ao início da missão da Igreja: "Recebereis uma força, a do Espírito Santo que descerá sobre vós, e sereis minhas testemunhas em Jerusalém, em toda a Judeia e a Samaria, e até os confins da terra" (At 1,8). O testemunho dos primeiros cristãos começa por Jerusalém e se espalhará até chegar aos confins do mundo.

d) No chamado de Natanael, Jesus o conhece porque o viu "enquanto estava debaixo da figueira" (Jo 1,48). Mais que uma árvore, estar debaixo da figueira significava estar vivendo segundo as promessas de Deus.

e) Os v. 6-8 refletem a imagem de Jesus, o bom/belo Pastor (Jo 10,1-18). Ele que veio dar a vida pelas suas ovelhas, a quem conhece. Portanto, Jesus não é como o mercenário. Ele é também a porta, o lugar seguro onde as ovelhas se sentem protegidas. E esta é também a missão dos dirigentes da Igreja, os quais devem apascentar o rebanho que lhe foi confiado (1Pd 5,2-4).

f) A nova Jerusalém restaurada não será mais a cidade e, sim, a Jerusalém celeste que desce do alto, anunciada no Livro do Apocalipse, o lugar da harmonia, da paz e da segurança (Ap 21). O apóstolo Paulo dirá que "a Jerusalém celeste é livre e esta é a nossa mãe" (Gl 4,26).

## ATUALIZAÇÃO

A mensagem de Mq 4,1-8 abre-se decisivamente a um tempo de esperança, apontando para horizontes messiânico-escatológicos, e é atual para os nossos dias. O mundo está cansado de guerras e de ver tantos recursos sendo aplicados em armamentos, enquanto tantas pessoas ainda morrem de fome.

É certo que vivemos um tempo onde faltam utopias e projetos de esperança. Porém, o sonho de ver os povos da terra caminhando em marcha solidária, em vista de objetivos comuns, teima em sobreviver. Pensemos na questão ecológica, nas ONGs. Organizações, pastorais e movimentos que lutam pela preservação do meio ambiente, dos direitos humanos e desafiam os projetos capitalistas poluidores das grandes nações e empresas transnacionais.

Tantos séculos depois de Miqueias, o mundo continua marcado por guerras e conflitos. As vítimas continuam sendo os mais pobres. O século XXI é marcado pelas levas de migrantes que precisam fugir dos seus países por causa das guerras. Em nossas cidades, as vítimas da violência e do tráfico de drogas geralmente são jovens, negros e pobres. Miqueias continua nos dizendo que as armas de guerra, que tanto matam, devem ser transformadas em instrumentos de trabalho. Em vez de educar para a guerra, devemos apostar na educação para a vida e para a paz. As fábricas de armas deveriam ser todas fechadas e suas instalações e recursos transformados em escolas. O comércio internacional de armas deveria ser banido para sempre!

O texto de Miqueias deixa claro: a paz acontecerá porque o Senhor "falou". Por isso, "a paz não virá por obra dos homens, mas quando Deus disser a palavra decisiva e final, quando ele julgar que a história estiver terminada e que pode começar a história nova" (MAILLOT; LELIÈVRE, 1980, p. 98). A iniciativa na história é de Deus, porém, isso não significa que não devamos fazer a nossa parte. "Devemos agir, mas somente porque acreditamos que o Senhor pode agir e porque não podemos perder a esperança de que o Senhor quer agir" (MAILLOT; LELIÈVRE, 1980, p. 104).

Não resta dúvida de que este tempo chegou. Deus, através dos sinais da natureza e dos profetas de hoje, continua nos dizendo que o tempo da paz e do cuidado com a criação chegou! O Papa Francisco, em seus pronunciamentos e sobretudo na Carta encíclica *Laudato Si'*, é um exemplo disso. Basta com as guerras e com as mortes de inocentes! Chega de destruir a natureza!

Hoje poderíamos profetizar a espera deste tempo novo de paz e de harmonia para o povo. Os estropiados, excluídos, discriminados de todas as partes do mundo, ou seja: "o Resto", caminhando e pondo-se em marcha, sob a proteção do Bom Pastor, onde encontrarão refúgio e segurança. Miqueias nos faz esperar que um dia seja possível vivermos todos bem e melhor na face da terra, cada um debaixo da "sua figueira e da sua videira".

Mq 4,1-8 e suas atualizações podem ser uma utopia grande demais. Mas são as utopias que antecedem as grandes realizações. "Utopia é um lugar que não existe,

mas que só os imbecis duvidam que não possa existir"
(Enrique Figueroa – poeta espanhol). Ou como tão be-
lamente ensinou o nosso grande poeta Mário Quintana:

Se as coisas são inatingíveis... ora!
Não é motivo para não querê-las...
Que tristes os caminhos, se não fora
A presença distante das estrelas!

## REFERÊNCIAS

BÍBLIA. Português. *Bíblia de Jerusalém* (BJ). São Paulo: Paulus, 2010.

BÍBLIA. Português. *Tradução Ecumênica (TEB)*. São Paulo: Loyola, 1994.

DIAZ, J. L. S. *Com os pobres da terra*. A justiça social nos profetas de Israel. São Paulo: Academia Cristã/Paulus, 2011.

_____. *Profetismo em Israel*. Petrópolis: Vozes, 1991.

LACY, J. M. A. *Os livros proféticos*. São Paulo: Ave Maria, 1998.

MAILLOT, A.; LELIÈVRE, A. *Atualidade de Miqueias*. Um grande "profeta menor". São Paulo: Paulinas, 1980.

MONLOUBOU, L. *Os profetas do Antigo Testamento*. São Paulo: Paulinas, 1983. (Cadernos Bíblicos n. 39.)

PAPA FRANCISCO. Carta encíclica *Laudato Si'*, sobre o cuidado da casa comum. São Paulo: Paulinas, 2015.

SCHÖEKEL, L. A.; DIAZ, J. L. S. *Profetas II*. Madrid: Cristiandad, 1980.

STORNIOLO, I. *Como ler o livro de Miqueias. Um profeta contra o latifúndio*. São Paulo: Paulus, 1990.

ZABATIERO, J. *Miqueias*: voz dos sem-terra. Comentário Bíblico. São Leopoldo/ Petrópolis: Sinodal/Vozes, 1996.

Capítulo **6**
# DE BELÉM VIRÁ UMA ESPERANÇA

## MIQUEIAS 5,1-3

*Cristina Aleixo Simões[1]*
*Patrícia Zaganin Rosa Martins[2]*

### INTRODUÇÃO

Mq 5,1-3 é um hino/profecia para a pequena Belém, a terra de Davi, contra a grande Jerusalém. Quem vai governar (pastorear) Israel será alguém que virá da pequena aldeia, da periferia, como já aconteceu no passado, quando Deus escolheu Davi para ser rei.

---

[1] Mestre em Teologia pela PUC-PR.
[2] Mestranda em Teologia pela PUC-PR.

Ao mesmo tempo este é um hino messiânico-litúrgico, muito conhecido pelos cristãos, já que o evangelista Mateus o interpretou como uma profecia messiânica e o adaptou para o contexto do nascimento de Jesus (Mt 2,6).

## O TEXTO MIQUEIAS 5,1-3

Apresentamos a seguir uma proposta de tradução do texto.

[1]E tu, Belém de Éfrata,
pequena entre as aldeias de Judá.
É de ti que sairá para mim aquele que governará Israel.
As suas origens são dos tempos antigos,
desde os dias mais distantes.
[2]Por isso os entregará ao poder de outros
até que a parturiente dê à luz.
Então o resto dos teus irmãos retornará
aos filhos de Israel.
[3]Ele permanecerá firme
e apascentará com a força do SENHOR
e com a majestade do nome do SENHOR, seu Deus,
e habitarão tranquilos, porque ele será grande
até os confins da terra.

## ANÁLISE DO TEXTO

A seguir será feita uma análise exegético-teológica das principais expressões do hino para melhor compreensão da sua mensagem.

– *Belém*: o nome provém de *beth* + *lehem* e significa "casa do pão". Situada 7 km ao sul de Jerusalém. Rute era de Belém (Rt 1,2; 4,11). É a cidade de Jessé e de seu filho Davi, que foi escolhido para ser rei das doze tribos de Israel (1Sm 17,12) (LABERGE, 2007, p. 518).

– *de Éfrata*: a segunda mulher de Caleb se chamava Éfrata (1Cr 2,19). O nome Éfrata significa prolífica, isto é, aquela que é fecundante, que faz prole; que tem a faculdade de gerar. Miqueias identifica Belém de Éfrata (também chamada Belém de Judá – 1Sm 17,12; Rt 1,2; 4,11) para diferenciá-la da Belém de Zebulon (Js 19,15).

– *pequena entre as aldeias de Judá*: algumas traduções, como a Bíblia Pastoral, optam por "cidades". O termo hebraico *'eleph* pode ser traduzido por "milhares", isto é, o grupo intermediário entre a família/clã e a tribo à qual o grupo pertence (Jz 6,15; 1Sm 23,23; Is 60,22) (ZABATIERO, 1996, p. 95). Outra opção seria "tão pequena entre as clãs".

– *É de ti que sairá para mim aquele que governará Israel*: o verbo "sair" é importante para o entendimento do texto. "É estabelecida uma relação entre 4,2 e 5,1 pelo verbo 'sair', referente à lei e ao messianismo" (LABERGE, 2007, p. 518). Não é de Sião, mas de Belém; não torre de muralha, mas de uma aldeia insignificante é que sairá, ou seja, nascerá uma esperança. Desde antigamente havia um desígnio de Deus em escolher os fracos e pequenos em detrimento dos mais importantes (Gedeão – Js 6,15; Davi – 1Sm 16). Is 11 anuncia o resto pequeno que sobrevive a despeito das árvores grandes (SCHÖKEL, 1991, p. 1092). O libertador não é chamado de rei, mas de chefe (hebraico *moshel*, "aquele que domina", não é o mesmo termo usado nas denúncias do capítulo 3). É o Senhor quem reina (ZABATIERO, 1996, p. 97).

– *suas origens são dos tempos antigos*: indicação de que as raízes do novo chefe remontam ao tempo do rei Davi. A TEB segue o texto hebraico e traduz com o plural "origens", que se refere "à longa história da dinastia davídica de 300 anos com suas promessas e esperanças acumuladas, 'antiguidade' não significa eterno, mas no passado muito distante (cf. o final do livro de Miqueias; também Is 51,9)" (STUHLMUELLER, 2001, p. 133). O autor utiliza uma linguagem quase mítica para remeter aos tempos do início da nação, ou seja, ao período pré-monárquico (ZABATIERO, 1996, p. 97). Muitos rabinos veem neste versículo uma alusão à eternidade do nome do Messias (Sl 72,17), enquanto alguns exegetas cristãos veem nele a ideia de sua preexistência eterna (MAILLOT; LELIÈVRE, 1980, p. 116).

– *até que a parturiente dê à luz*: o texto é próximo a Is 7,14. Miqueias enaltece a mãe daquele que virá. Não é mencionado quem será o pai, somente a mãe e que deverá ser da descendência de Davi. "Este rei não terá pai: será isto sua pequenez e sua grandeza. Porque é o Senhor que será seu pai. Nenhum homem pode, com efeito, dar ao mundo seu messias" (MAILLOT; LELIÈVRE, 1980, p. 119). Por isso, "o silêncio sobre o pai nesse versículo foi interpretado pelos autores cristãos primitivos como indicação da concepção virginal do Messias prometido" (STUHLMUELLER, 2001, p. 133).

– *o resto dos teus irmãos retornará aos filhos de Israel*: assim como o pastor reúne as ovelhas dispersas, o novo Pastor vai reunir todos os filhos de Israel dispersos. É possível pensar no resto do Reino do Norte, naqueles que foram exilados pela Assíria em 721 a.C., e também nos exilados na Babilônia, em 586 a.C. Um dos eventos que pertence ao fim do tempo de aflição de Judá era justamente o retorno do "resto de seus irmãos" do exílio. Ligando 4,14 a 5,1, observa-se que estes se referem aos príncipes exilados da casa real. Contudo, a expressão "seus irmãos", de acordo com o pensamento deuteronomista, diz respeito a todos os outros que sobreviveram ao exílio (Dt 17,15.20), especialmente porque, assim, eles serão reunidos aos "filhos de Israel", ou seja, as pessoas que permaneceram na terra e formaram o núcleo da comunidade messiânica (v. 1) (WOLFF, 1990, p. 145). Portanto, da pequena Belém sairá "aquele que reunificará os dois reinos, o do Norte e de Judá, como no tempo do grande império davídico-salomônico (4,8). Aqui os 'filhos de Israel' designa este novo império reunificado e messiânico" (MAILLOT; LELIÈVRE, 1980, p. 117).

– *Ele permanecerá firme e apascentará com a força do SENHOR*: a figura do rei pastor Davi é evocada neste versículo empalmando com a imagem pastoril de 2,12 e 4,6. Ele será rei pela graça de Deus, porque dele receberá o poder e em seu nome o exercerá; para isso tem que ser pequeno e volver a suas raízes insignificantes, para que seu orgulho esteja posto todo no Senhor (SCHÖKEL, 1991, p. 1093). Lembrando-se de Belém e dizendo que o futuro chefe é de origem antiga, o texto coloca a figura de Davi como o ideal do chefe esperado (STORNIOLO, 1990, p. 43). Ele irá pastorear. A expressão foi usada para Davi (2Sm 5,2), para os juízes (2Sm 7,7). Davi foi tirado do pastoreio (2Sm 7,8) (ZABATIERO, 1996, p. 98). Mas, se há um olhar para o passado, ao mesmo tempo há outro olhar que direciona para o futuro: "Ele aponta para as promessas de Deus e, devido ao contexto final do livro, ao Templo (ver 4,7)" (LABERGE, 2007, p. 518).

*– e com a majestade do nome do SENHOR, seu Deus*: significa que o rei deverá governar seguindo o projeto de Deus, e não a vontade própria. É possível ver aqui uma alusão ao tempo do tribalismo (Jz 8,23; 1Sm 8). E mesmo que o texto remeta continuamente a Davi, não se refere às ações do rei que conquistou cidades (como Jerusalém em 2Sm 5,6-12) e que expandiu o território com as guerras de conquista, pois mais adiante se dirá que ele será aquele que promoverá a paz (Mq 5,4).

*– e habitarão tranquilos, porque ele será grande*: o novo chefe terá a proteção de Deus e em seu nome guiará o povo, é isso que dará segurança e tranquilidade ao povo. Os Sl 2 e 72 transmitem o ideal do rei, que deve governar e julgar com justiça, mas cujo programa os reis não cumpriam (ZABATIERO, 1996, p. 98).

*– até os confins da terra*: a promessa abre-se para uma perspectiva universal. Maillot e Lelièvre afirmam que "a extensão universal do reino deste soberano belemita seria como no tempo do império davídico-salomônico" (1980, p. 117). No entanto, é mais provável que não se esteja pensando num reino com fronteiras universais geopolíticas, mas tendo Jerusalém como centro da mensagem que deve atingir todos os confins da terra.

## O CONTEXTO E AUTORIA DO HINO

O hino faz parte do bloco intermediário no Livro de Miqueias. A primeira parte do livro compreende os capítulos 1 a 3. Depois, temos um bloco formado pelos capítulos 4 e 5. E, por fim, o terceiro bloco formado pelos capítulos 6–7. Veja-se o capítulo anterior, onde esta questão já foi apresentada.

Estamos novamente diante de um hino litúrgico e, a exemplo de Mq 4,1-8, o mesmo poderia muito bem ter suas origens populares anteriores à sua inserção no Livro de Miqueias e representaria uma esperança messiânica para a pequena Belém, que "nasceria de modo espetacular e que se tornaria, pela paz, o verdadeiro pastor de Israel" (MAILLOT; LELIÈVRE, 1980, p. 117).

## APRESENTAMOS A POSSIBILIDADE DE DUAS OPÇÕES PARA A AUTORIA DESTE HINO LITÚRGICO

a) *O autor do hino é o profeta Miqueias.* Neste caso, Belém representaria uma solução para a cidade de Jerusalém, onde estavam os governantes e grandes proprietários que oprimiam o povo. A solução deverá vir de fora, vir do pequeno resto. "Quando Jerusalém está humilhada e com os dias contados – porque os assírios estão às portas (4,19) –, de Belém sairá um soberano que reunirá todos os seus irmãos e lhes trará a salvação e a paz. Miqueias anuncia a renovação da dinastia davídica, no meio dos acontecimentos dolorosos dos anos 703-701. Ele promete aos seus contemporâneos um rei que o Senhor lhes dará. A história maravilhosa de Davi se repete (1Sm 16,1); o Messias – o termo não está presente, mas a ideia não é estranha a essa passagem curiosa – nascerá em Belém (Mt 2,6; cf. também Is 9,1-6; 11,1-9). A resposta a Mq 3,12 se lê em Mq 5,1-3.5" (AMSLER, 1992, p. 127).

b) *O texto é de autores exílicos ou pós-exílicos.* Neste caso seria um anúncio de salvação e de esperança, cujos autores preveem para Jerusalém um futuro de esperança. Mesmo assim, a solução virá de fora. Como no passado, o rei escolhido foi Davi e veio de Belém para governar sobre Israel, e é novamente nesta perspectiva que se abre um horizonte para um governo em Jerusalém. Trata-se de "Jerusalém *versus* Belém; anti-imperialismo *versus* soberania internacional" (ZABATIERO, 1996, p. 96).

Embora respeitemos opiniões diversas, optamos pela segunda hipótese. Isto é, que um ou mais autores no retorno do exílio da Babilônia esperavam a restauração de Sião e Jerusalém. Seria um anúncio de salvação e de esperança, depois das denúncias feitas em Mq 1–3 e do desastre ocorrido com a destruição do Templo e da cidade pelos babilônios em 586 a.C. Jerusalém seria o local de um novo governo para o povo, mas teria que retornar aos tempos antigos, quando de Belém é que veio Davi. O chefe não exerceria o poder como os reis que antecederam o exílio e que foram considerados os culpados pela destruição do Templo e da cidade de Jerusalém, mas sim o domínio como pastoreio. Por isso, não se menciona o título de rei, e sim de chefe e pastor.

Historicamente isso nunca aconteceu nos séculos que se seguiram, por isso o texto passou a ser lido com chave messiânica. O Cristianismo viu no nascimento de Jesus em Belém a concretização do ideal esperado.

# A UTILIZAÇÃO DO ORÁCULO
# NO NOVO TESTAMENTO

O evangelista Mateus aplica este oráculo ao nascimento de Jesus. No entanto, Mateus muda a frase dizendo que: "E tu, Belém, terra de Judá, não és de modo algum a menor entre as principais de Judá, pois de ti sairá um soberano que apascentará Israel, o meu povo" (Mt 2,6). Praticamente contradiz o texto de Miqueias. É difícil saber se ele leu mal o texto, ou se tinha diante dele outra versão, pois faz várias alterações no texto de Miqueias. O mais provável é que Mateus esteja interpretando a profecia de Miqueias. "Mateus tem, de fato, o costume de ler o Antigo Testamento através de seu cumprimento em Jesus, e não hesita em forçar um pouco os textos" (MAILLOT; LELIÈVRE, 1980, p. 119). Por isso, o evangelista Mateus "força detalhes para adaptar a este contexto" (CARTER, 2002, p. 114). A insignificante Belém é o foco, e não Jerusalém. Por sua vez, a tradição cristã, prolongando a sugestão de Mateus, leu neste versículo a origem eterna do Messias (SCHÖKEL, 1991, p. 1092).

Embora Lucas não faça menção explícita ao texto de Mq 5,1-3, é possível também ver no relato do nascimento de Jesus, no estábulo de Belém (Lc 2,1-19), uma referência ao hino messiânico. Na cidade mais pequena e pobre, o que havia nela de mais simples se transforma em realização da promessa. Será em Belém que os pastores encontrarão o recém-nascido deitado numa manjedoura, envolto em faixas. Ele é o Salvador, o Cristo Senhor (Lc 2,11).

Por isso, desde as suas origens e a partir da sua prática, Jesus pôde ser visto como o líder justo que iria chefiar o novo povo de Deus, ensinando-lhe o caminho da justiça (STORNIOLO, 1990, p. 43-44).

## ATUALIZAÇÃO

A escolha que Deus faz para Belém não é uma novidade, mas a continuação do seu modo de agir, já observado tantas vezes no Antigo Testamento, sobretudo a libertação do povo da escravidão do Egito (Ex 3,7-12). Deus faz opção, toma partido dos oprimidos, fracos e indefesos e com eles faz história. Isso ocorreu também na escolha de Israel para ser seu povo: "Se o Senhor se afeiçoou a vós e vos escolheu, não é por serdes o mais numeroso de todos os povos – pelo contrário, sois o menor dentre os povos! – e sim por amor a vós e para manter a promessa que ele jurou a vossos pais [...]" (Dt 7,7-8). A escolha por amor é diferente das escolhas políticas feitas por interesses.

Jesus Cristo mantém esta coerência: nasce na periferia, inicia seu ministério longe do centro do poder. As pessoas beneficiadas são prioritariamente as mais pobres e excluídas (Lc 4,16-20). O "resto" que o sistema dominante desprezava foi, e continua sendo, a opção de Deus e de Jesus Cristo, e deve ser a nossa também, para a transformação da sociedade injusta e desigual em que vivemos.

Historicamente, o povo sofreu e continua sofrendo com os governantes oriundos do centro do poder, aqueles que não passam pelas periferias. A casa grande não entende a dor e as necessidades da senzala. Também a elite não admite facilmente que o poder venha da periferia, das ruas, dos pequenos. Somente aceita uma liderança que venha de fora, desde que assuma os seus projetos e interesses.

O conflito Belém *versus* Jerusalém continua até hoje. Países ricos possuem suas instituições e organizações para administrar as próprias crises. Estas não sabem ouvir os clamores que chegam dos países pobres, das periferias do mundo. No texto, no entanto, Jerusalém não é desprezada, mas sim a elite opressora que nela habita. Jerusalém (a cidade da paz) será exaltada porque virá alguém de fora para dar-lhe o verdadeiro sentido histórico. No fundo, o profeta quer dizer: Jerusalém não é dos opressores, é do povo, ela tem uma missão. Da mesma forma hoje teríamos que dizer das nossas capitais: elas devem servir o povo e não as elites dominantes.

Na Igreja não é diferente. O Papa Francisco, "o Papa que veio do fim do mundo", está mudando o rosto da Igreja. Ao mesmo tempo, ele insiste em afirmar que os pastores, isto é, aqueles que governam a Igreja e o rebanho a eles confiado, precisam sentir o cheiro das ovelhas. Pastores que procedem das periferias conhecem a dor e o sofrimento das ovelhas, sabem acolhê-las e pastoreá-las. Jesus nos ensina isso quando afirma: "Eu sou o bom pastor, conheço as minhas ovelhas e elas me conhecem" (Jo 10,14). O pastor busca o bem do rebanho e não o próprio: "Eu vim para que todos tenham vida e vida em abundância" (Jo 10,10).

## REFERÊNCIAS

AMSLER, S. *Os profetas e os livros proféticos*. São Paulo: Paulus, 1992.

BÍBLIA. Português. *Bíblia de Jerusalém* (BJ). São Paulo: Paulus, 2010.

BÍBLIA. Português. *Tradução Ecumênica (TEB)*. São Paulo: Loyola, 1994.

CARTER, W. *O Evangelho de Mateus. Comentário sociopolítico e religioso a partir das margens*. São Paulo: Paulus, 2002.

DIAZ, J. L. S. *Profetismo em Israel*. Petrópolis: Vozes, 1996.

LABERGE, L. Miqueias. In: BROWN, R.; FITZMYER, J. A.; MURPHY, R. E. (Orgs.). *Novo Comentário Bíblico São Jerônimo. Antigo Testamento*. São Paulo: Academia Cristã/Paulus, 2007, p. 511-521.

MAILLOT, A.; LELIÈVRE, A. *Atualidade de Miqueias*. Um grande "profeta menor". São Paulo: Paulinas, 1980.

SCHÖKEL, L. A.; DIAZ, J. L. S. *Profetas II*. Grande Comentário Bíblico. São Paulo: Paulus, 1988.

STORNIOLO, I. *Como ler o livro de Miqueias. Um profeta contra o latifúndio*. São Paulo: Paulus, 1990.

STUHLMUELLER, C. Miqueias. In: BERGANT, D.; KARRIS, R. J. *Comentário bíblico*. 3. ed. São Paulo: Loyola, 2001. v. 2, p. 127-135.

WOLFF, H. W. *Micah*. A commentary. Augsburg, MN: Fortress, 1990.

ZABATIERO, J. *Miqueias*: voz dos sem-terra. Comentário Bíblico. São Leopoldo/Petrópolis: Sinodal/Vozes, 1996.

CAPÍTULO 7

# A PAZ MESSIÂNICA E O JULGAMENTO IMPLACÁVEL DE DEUS

## MIQUEIAS 5,4-14

*Fabrizio Zandonadi Catenassi*[1]

**INTRODUÇÃO**

Após a conhecida promessa messiânica ligada a Belém de Éfrata (Mq 5,1-3), o texto de Miqueias apresenta um dos julgamentos mais implacáveis de Deus em 5,4-14, com ameaças e oráculos de castigo descritos de maneira viva e contundente.

---

[1] Mestre em Teologia pela PUC-PR e doutorando em Teologia pela PUC-PR.

Os especialistas também se deparam com um texto de difícil interpretação em Mq 5,4-14. Em primeiro lugar, quanto a seu conteúdo, aparentemente contraditório. A linguagem metafórica e a força das expressões dão ao texto um caráter enigmático. Depois, há várias questões sobre o processo de composição do texto: pouco se sabe sobre o período ao qual se refere, ou sobre os grupos que estiveram envolvidos no retoque e interpretação do material que receberam da tradição vinda de Miqueias.

Zabatiero afirma que "independentemente da interpretação semântica adotada, a datação destes versos é complicada, não havendo critérios definitivos para a mesma" (ZABATIERO, 1996, p. 104). Por isso, qualquer tentativa de análise de Mq 5,4-14 envolverá um nível considerável de hipóteses, que buscaremos trabalhar neste texto.

Vamos mostrar que, no meio da ira implacável de Deus, está a busca de um povo pela justiça e pelo direito, por condições para que toda a nação viva com dignidade. O "resto de Jacó", tão presente em Miqueias, não pode esconder-se lamentando sua condição. Uma nova esperança surge a partir da promessa messiânica de Mq 5,1-3, que convida os israelitas a uma nova organização social, a uma nova forma de relações, para que alcancem, de fato, a paz. Mas que paz será esta?

**TRADUÇÃO**

*v. 4:* E ele será a paz! Quando a Assíria vier à nossa terra e quando pisar nosso território, levantaremos contra ela sete pastores e oito chefes dos homens.

*v. 5:* Apascentarão a terra da Assíria pela espada e a terra de Nimrod pelo seu punhal. Ele nos libertará da Assíria quando ela invadir a nossa terra e quando pisar nosso território.

*v. 6:* O resto de Jacó será, no meio de muitos povos, como orvalho de YHWH, como orvalho sobre a erva, que não espera no homem e não aguarda ninguém.

*v. 7:* O resto de Jacó será, no meio de muitos povos, como um leão entre feras selvagens, como um filhote de leão entre um rebanho de ovelhas que, quando passa e pisa, despedaça e ninguém se salva.

*v. 8:* Levanta tua mão contra teus adversários e sejam aniquilados todos os teus inimigos!

*v. 9:* E acontecerá, naquele dia, oráculo de YHWH: aniquilarei teus cavalos do teu meio e destruirei teus carros.

*v. 10:* Aniquilarei as cidades da tua terra e derrubarei todas as tuas fortalezas.

*v. 11:* Aniquilarei as feitiçarias de tua mão e não haverá mais adivinhos para ti.

*v. 12:* Aniquilarei tuas imagens e teus monumentos de pedra do teu meio e não te prostrarás mais diante das obras de tuas mãos.

*v. 13:* Arrancarei do teu meio os *asherim* e exterminarei teus inimigos.

*v. 14:* Farei vingança com ira e com cólera contra a nações que não me obedeceram.

## UM TEXTO FEITO POR VÁRIAS MÃOS

Esta pequena seção do capítulo 5 de Miqueias reflete a dificuldade na atribuição do livro ao profeta e no processo de composição do texto, que passou por retoques de diferentes mãos ao longo do tempo. Schökel e Diaz (1980, p. 1040) mostram essa variedade de interpretações, dizendo que alguns autores negam a mínima relação dos capítulos 4–5 com Miqueias, outros atribuem ao profeta alguns oráculos e muito poucos os atribuem a ele por completo. Grande parte dos exegetas defende que somente parte destes capítulos pode ser de Miqueias, e as diferenças conceituais, teológicas ou linguístico-estilísticas que encontram, em geral, são atribuídas a diferentes autores ou a supostos interlocutores do profeta, como veremos adiante.

A esperança de libertação e a linguagem escatológica dos capítulos 4 e 5 comumente levam os estudiosos a atribuírem a redação final ao período pós-exílico. Zenger traça um modelo heurístico de surgimento do livro de Miqueias, no qual a composição dos capítulos 4–5 estaria atrelada ao período pós-exílico inicial (ZENGER, 2003, p. 511). Por outro lado, autores clássicos como Schökel e Diaz (1980, p. 1040) defendem que os dados apresentados nessa seção podem ser muito bem compreendidos tendo a época do Miqueias histórico como pano de fundo. Os pesquisadores exemplificam com a ameaça assíria presente em Mq 5,4-5: a substituição de Jerusalém por Belém como lugar de origem da salvação se entende muito bem na boca desse profeta, inimigo das injustiças típicas da capital; a salvação entendida como uma libertação nacionalista encaixa-se perfeitamente nos tempos da reforma político-religiosa de Ezequias. Dessa forma, seria muito mais fácil entender estes dois capítulos no século VII a.C. que em períodos posteriores. Sturz (2001, p. 157-158) é de uma opinião ainda mais radical.

Para o autor, não há absolutamente nenhuma evidência conclusiva que permita indicar um processo redacional posterior feito por alguém avesso ao pensamento de Miqueias. Portanto, para esse autor, a edição, no sentido de coligir e ordenar os fragmentos, deve ter ocorrido durante a vida do profeta ou logo após sua morte.

Diante deste quadro, nosso estudo segue considerando as incertezas sobre a autoria de Miqueias em alguns versículos desse texto tão complexo, porém, colocando a questão da autoria em segundo plano e, considerando um retoque pós-exílico, o foco é colocado no texto final, assim como chegou a nós. O conjunto desses oráculos de condenação apresenta uma bonita teologia da fé e da esperança, diante da opressão estrangeira e das estruturas internas de Israel. Isso será o foco deste trabalho.

## ESTRUTURA E CONTEXTO LITERÁRIO

O início do livro de Miqueias traz um núcleo original do profeta, geralmente identificado como uma literatura corrente do séc. VIII a.C. Mq 1–3 apresenta fortes críticas às questões sociais, com ameaças e condenações, em primeiro lugar às elites políticas e religiosas (cap. 1) e, então, em defesa da liberdade e do campo (caps. 2–3). Miqueias denuncia o extermínio dos agricultores pelo sistema de endividamento e os trabalhos forçados que sustentam as obras feitas pelo estado em Israel. O pecado dos chefes do povo não passará impune, porque Deus não está alheio ao que acontece com o seu povo. Aliás, o próprio Senhor coloca-se como testemunha contra estes homens, porque "o Senhor saiu de seu santo Templo! Porque eis que YHWH sai de seu lugar santo, ele desce e pisa sobre os cumes da terra. Debaixo dele os montes se derretem e os vales se desfazem" (Mq 1,2-3).

Chegamos então no capítulo 4, que balanceia o tom áspero das condenações com pequenos sinais de esperança, trazendo temas tipicamente pós-exílicos, mas que, como já dissemos, podem perfeitamente se encaixar em um quadro do tempo de Ezequias. Contudo, a esperança que ganha sabor messiânico e que reúne as nações não é cega. Se Deus saiu do seu lugar para testemunhar contra as injustiças, então um processo legal está feito e o castigo é iminente. O resultado primeiro da teofania é a instauração de um reino de justiça, e este processo é muito bem ilustrado nos capítulos 4 e 5, que mostram a superação do castigo irrevogável àqueles que oprimem os que estão em condições degradantes em Israel. Segundo Schökel e Diaz (1980, p. 1038), estes dois capítulos mostram que a superação do castigo será no futuro, não agora (4,1-14); que não vem de Jerusalém (4,8), mas de Belém (5,1-3); que não é cruel, mas benéfica a todos (5,4-8); e que requer purificação (5,9-14).

Zenger (2003, p. 508) apresenta uma estrutura concêntrica que destaca a seção presente entre 4,14–5,3: a promessa messiânica ligada a Belém, que se estende para todas as nações. De maneira interessante, esta estrutura nos ajuda a perceber as relações e paralelismos que são evidentes nestes dois capítulos, como se vê a seguir. Por exemplo, a seção C (Mq 5,4-5) está em paralelo com a seção C' (Mq 4,9-13). Ambas anunciam a libertação, uma em referência ao povo babilônico e a outra, aos assírios.

A 4,1-5: peregrinação dos povos a Sião e destruição das armas
B 4,6-8: salvação para o resto
C 4,9-13: libertação da "Babilônia"
**D 4,1–5,3: anúncio da era messiânica**
C' 5,4-5: libertação da "Assíria"
B' 5,6-8: o "resto" salvo e a nações
A' 5,9-14: eliminação de todas as armas e ídolos

Para compreender a estrutura de Mq 5,14, é preciso conhecer uma das típicas discussões apresentadas pelos exegetas como uma saída para harmonizar os materiais que aparentemente eram conflitantes nos dois textos. A. Woude (1969, p. 244-260) propôs uma ideia de que Mq 4–5 seria, na verdade, um diálogo entre Miqueias e o falsos profetas condenados em Mq 3,5-8, ainda que não estivesse indicado claramente no texto. Os profetas intercalariam suas falas com Miqueias, formando uma discussão teológica, cada qual com um ponto de vista sobre a monarquia e o messianismo e defendendo a ideia de salvação que traziam.

Esta ideia se consolidou porque foi amplamente defendida por Schöel e Diaz (1980, p. 1037), que dizem que é a forma mais concreta de garantir coerência ao texto. Os autores notam diferenças conceituais entre certas afirmações: a contraposição entre o último dia e o agora, o lugar de onde sairia a salvação (Jerusalém ou Belém) e o conteúdo da salvação (militar ou pacífico). Vamos mostrar no comentário teológico-exegético como aparentes contradições podem ser entendidas em sua coerência quando o conjunto do texto é considerado. É importante dizer que esta estrutura clássica defendida por Schökel e Diaz, amplamente difundida entre os estudiosos de Miqueias, não consegue explicar por que o profeta não insere algum indicativo de discurso direto, quando claramente o faz em outros momentos do texto (cf. Mq 2,4; 3,5; 4,2; 6,5; 6,9).

De qualquer forma, o trabalho de Schökel e Diaz identifica algumas marcas formais no texto para mostrar como o redator final imprimiu uma cadência nas falas que convidaria o leitor a descobrir um diálogo ou uma discussão entre Miqueias e os falsos profetas, como segue abaixo, de maneira ampliada. Estas marcas nos ajudarão a compreender a coerência do texto e o contexto literário próximo que acolhe as condenações e o anúncio de salvação em Mq 5,4-14.

Nos últimos dias (4,1)
Naquele dia (4,6)
   E tu: 4,8
      – agora: 4,9.10.11.14
   E tu: 5,1
      – será/acontecerá: 5,4.6.7.9
Naquele dia (4,9)
      – aniquilarei: 5,9.10.11.12

Infelizmente, o esmero com que o texto foi organizado nessa harmoniosa estrutura dificilmente pode ser visto nas traduções em português, diante das adaptações necessárias na tradução do hebraico. O redator final abre a seção com a grande promessa de que a casa de YHWH será colocada no cume das montanhas e os povos se reunirão diante dele, no reino futuro em Sião, nos últimos dias (4,1-5). Porém, o que acontece agora? O autor acentua que naquele dia Israel triunfará sobre o

Monte Sião. A vitória de Deus se manifesta na vitória do povo israelita (4,6). A fala é, então, dirigida a Jerusalém (4,8), para mostrar como esse futuro glorioso ilumina a leitura do presente, com as quatro afirmações que valorizam o "agora" (4,9-14). O interlocutor passa a ser Belém de Éfrata, representando então a totalidade de Israel no plano salvífico de Deus, que também recebe uma promessa do levantamento de Deus diante de toda a terra (5,1-3). A visão do profeta então se lança para o futuro com os quatro "será/acontecerá", identificando o ideal de vida desejado para o povo que é governado por Deus (5,4-9). Também no discurso a Belém, mostra-se que "naquele dia" (5,9) a vitória do novo governante será absoluta e despojará dos ideais do povo o militarismo como meio privilegiado de salvação: Deus destruirá todos os adversários (5,9-13), Israel se alicerçará em sua fé (5,12) e ninguém resistirá a este novo modelo (5,14).

## LEITURA EXEGÉTICO-TEOLÓGICA

### Um Messias da paz (v. 4a)

O texto mais conhecido de Miqueias precede imediatamente nosso texto. Mq 5,1-3 apresenta a promessa messiânica em Belém, com um tom marcadamente anti-imperialista. Virá um salvador da cidade de Davi, mas que não é chamado "rei", e sim um "governante", que é descrito como um pastor junto a seu rebanho.

A partir daí, a profecia começa a descrever o que ele é capaz de fazer para o povo. O primeiro traço: "E ele será a paz!" (5,4). Uma rápida consulta às diferentes versões da Bíblia pode trazer bastante confusão. O leitor facilmente perceberá uma série de traduções distintas para esta pequena frase, que apresenta muitos problemas para os tradutores. Há diferentes opções de interpretação, todas corretas: (a) "E este/ele será/trará a paz"; (b) E esta deve ser a salvação contra a Assíria; (d) "A paz virá assim". Ainda há outras variantes.

Há dificuldades com o pronome demonstrativo, indicando "este/a" ou "ele": refere-se à paz ou ao Messias de Belém? Na primeira opção, enquadra-se Cathcart, que traduz: "E esta será a proteção do assírio: se ele vier para nossa terra..." (CATHCART, 1978, p. 39). Aqui, a paz é entendida como "proteção" e o demonstrativo refere-se a ela, mostrando que o que segue é a forma com que acontecerá a proteção contra os assírios, que não invadirão a terra e não pisarão no território dos israelitas (5,4.5). O autor estabelece um paralelo entre estes versos e um antigo encantamento fenício. Nele, o feiticeiro conjura demônios para que não entrem na casa da corte, ameaçando-os com a afirmação de que fez pactos com vários deuses e está protegido pelo juramento de Hóron, entre outros deuses, além de suas sete concubinas e oito esposas de Ba'al Qudš (CATHCART, 1978, p. 44-45). Não sabemos até que ponto essa opção pode ser verdadeira. Alguns autores pensam ser uma fala dos falsos profetas que manifestam sua fé nos cultos pagãos, porém nosso conhecimento atual sobre o monoteísmo em Israel nos permitiria afirmar a influência dos cultos locais também na formulação linguística das profecias de Miqueias, engendrados na memória social dos mais religiosos, mesmo diante de uma reforma religiosa monoteísta como a de Josias ou Ezequias.

O antecedente que o demonstrativo sugere também pode perfeitamente ser encontrado na unidade anterior

(5,1-3): tratar-se-ia do efeito do estabelecimento de um novo governante vindo de Belém e da promessa de segurança para Israel (JACOBS, 2001, p. 154). Neste caso, o Messias não só trará a paz, mas também se confundirá com ela. Esta é uma concepção antiga para Israel: "YHWH é paz!" (Jz 6,24). A concepção desta paz no mundo hebraico não é somente a ausência de conflitos militares. Em sentido último, refere-se à restituição da relação dos homens com si mesmos, com as coisas criadas, com os outros e com Deus. Mas naturalmente também passa pela dimensão militar, como veremos adiante.

Miqueias apresenta um novo modelo de governante. Diante de uma monarquia falida eticamente e que tratava de maneira agressiva e exploradora os agricultores e trabalhadores simples, é preciso buscar a paz. Ela não é construída simplesmente quando o trabalhador deixa de ser escravizado, mas quando forem restituídas as bases éticas e morais daquela sociedade, quando se voltasse o coração para YHWH e descobrisse nele a fonte de justiça social para todos. Nos profetas, paz é consistentemente associada com justiça em um nível tal, que paz e justiça tornam-se termos quase sinônimos, de forma que, sem a proteção do pobre, somente pode haver uma falsa paz (ALFARO, 1989, p. 58). Por isso, o caminho da paz não é alcançado instantaneamente ou sem conflitos. Exige a transformação das camadas sociais que imperavam, cristalizadas, contra os desprivilegiados. Também passa pela liberdade da terra dominada por estrangeiros e por uma compreensão teológica da iminente invasão por outros povos.

## A força do novo rebanho do Senhor: vitória contra a Assíria (v. 4b-5)

Como viver a paz diante da constante ameaça de invasão estrangeira? O texto de 5,4b-5 desenvolve este tema a partir da ótica popular. Já vimos que o Messias não é caracterizado como "rei". Esta visão anti-imperialista também favorece o desenvolvimento de uma mobilização popular para garantir a paz. As profecias messiânicas não são "mágicas", envolvem a participação do povo para defender Israel, que já havia vivido à sombra de Teglat-Falasar III e Senaquerib. Por isso, a profecia cita a Assíria, que representa todo e qualquer império opressor que se levante contra o povo de Deus (ZABATIERO, 1996, p. 104).

Para combater a Assíria, o povo humilhado de Judá é contemplado: são vários libertadores, contabilizados como "sete pastores, oito chefes de homens" (v. 4), levantados pelo próprio povo. O significado destes números não é consenso entre os pesquisadores. Uma boa síntese das interpretações a respeito dos sete e oito é apresentada por Jenson (2008, p. 160): (a) quantificam os aliados ou vassalos de Israel; (b) é uma citação de um canto de guerra nacional, o qual Miqueias recusa-se a aplicar ao rei que virá; (c) é uma representação matemática que indica quão suficiente e adequada é a liderança do novo líder; (d) referem-se aos príncipes e governantes israelitas, chefes tribais ou de clãs.

Cathcart (1978, p. 45) identificou que a sequência 7/8 está nos encantamentos fenícios e aramaicos, também presente nos textos mágicos ugaríticos e cananeus. O autor afirma que, para o escritor da profecia de Miqueias, há um claro aspecto "mágico" para a gradação numérica 7/8. Porém, a única outra ocorrência destes dois números em binômio na Bíblia está em Ecl 11,2, no qual um homem é aconselhado a proteger-se da desgraça sobre a terra repartindo um pão com "sete e mesmo com oito", construção que encontra um paralelo particularmente interessante na literatura ugarítica (CATHCART, 1968, p. 513). Cathcart (1978, p. 45) também assimila a conquista pela espada como uma característica mágica dos povos antigos, citando uma série de encantamentos aramaicos que envolvem a dominação física pela espada, laço e arco. Para o pesquisador, o fato de que sete pastores e oito chefes dos homens dominarão os assírios pela espada significa que o mal planejado pelos assírios será enviado de volta sobre eles, como se as bênçãos de um povo fossem um escudo, cancelando as maldições contra ele e enviando-as novamente aos seus inimigos.

Se verdadeira, esta relação mostra certa interferência da linguagem mágica na construção semântica dos profetas em Israel, mas a questão monoteísta não é preponderante nos v. 4b-5. A construção está em função da defesa do poder de Israel contra seus inimigos, atuando em função da paz, que é fruto deste novo governante messiânico e do estabelecimento do reino de YHWH sobre o povo. Isto se torna particularmente verdade quando analisamos o termo "chefes dos homens" (literalmente, "cabeças dos homens"):

Anteriormente, o capítulo 3 de Miqueias também fala dos *ro'šê ya'ăqob* ("chefes de Jacó", 3,1), dos *ro'šê bêt ya'ăqob* ("chefes da casa de Jacó", 3,9) e dos *ro'šêhā* ("seus chefes", 3,11), mas em tom de reprovação. Eles são condenados sem palavras sutis por sujeitarem os israelitas a trabalhos forçados nas obras estatais: "Por acaso não cabe a vós conhecer o direito, a vós que odiais o bem e amais o mal, que lhes arrancais a pele, e a carne dos seus ossos?" (3,2), "vós que execrais a justiça, que torceis o que é direito, vós que edificais Sião com o sangue e Jerusalém com injustiça" (3,9-10). Aqueles que deveriam ser um modelo de administração justa, porque estão afiançados no direito divino, são os grandes culpados pela desgraça de Jerusalém.

Por isso, no novo rebanho de YHWH, outros chefes dos homens são levantados, e esses são vencedores. É uma promessa de consolação que encoraja o povo a lidar com a difícil situação em que se encontra e funciona como *uma* resposta teológica a uma questão humana. O que acontecerá com a Assíria? Como lidar com a dominação estrangeira? A resposta profética de Miqueias não é uma promessa mística. O libertador não virá do céu, agindo contra os inimigos sem participação humana. Ele empoderará o povo para que encontre êxito em suas lutas cotidianas e seja vitorioso contra aqueles que só querem fazer o mal. A restauração de Jerusalém não é um simples espelho de sua existência pré-exílica, acostumado a ser continuamente assaltado por nações mais poderosas, porque desenha uma nova ordem social e econômica, contemplando as necessidades de toda a população, "respeitada a memória teológica popular – portadora do projeto libertador de Javé, inaugurado com o êxodo dos hebreus" (ZABATIERO, 1996, p. 105). Todos são vitoriosos!

# O "resto de Israel": orvalho e leão (v. 6-8)

No capítulo 4, após a promessa do reino futuro em Sião, que aconteceria com a reunião de todos os que estavam dispersos, o profeta começa a falar com Jerusalém de maneira direta: "E tu (*hebraico*), Torre do Rebanho". Esta seção é seguida por três "agora" (v. 9.11.14). A nova seção que se inicia no capítulo 5 muda o interlocutor, também de maneira direta: "E tu, Belém de Éfrata", com promessas de libertação e vitória de um novo pastor vindo da cidade de Davi. O profeta, que já olhou para a realidade concreta de sofrimento e dominação do povo e vislumbrou um panorama ético para o presente, volta então seu olhar para o futuro, mostrando as consequências últimas deste novo governante. Trata-se dos três "E será/acontecerá que...". Os v. 4b-5 mostram que a Judá humilhada seria vitoriosa diante dos que queriam o mal. Agora, qual seria sua relação com as outras nações?

A resposta vem a partir de duas comparações, que começam de forma idêntica: "O resto de Jacó será, no meio de muitos povos..." (v. 6.7). Primeiro, os que são capazes de vencer a Assíria são caracterizados como o "resto de Jacó". O termo "resto" já aparece em 2,12 e 4,7. Não se trata de reminiscentes de guerra que sobreviveram à destruição geral, como se fossem a única garantia de continuidade de um povo que lamenta por seu estado lastimável. O tom negativo abre espaço para a promessa de restauração divina, consolidando a expressão "o resto", que passa a designar aqueles que foram escolhidos por Deus e salvos por ele (cf. Jr 23,3; Is 46,3) (ZABATIERO, 1996, p. 107), separados para dar origem a uma nova Jerusalém. O adjetivo que carregam, "de Jacó", é único. Segundo Wolff (1990, p. 155), pode ser uma alusão bastante intencional aos patriarcas como recipientes das bênçãos prometidas. Também na bênção de Jacó, Judá é comparada com um leão em sua relação com as nações (Gn 49,9).

Caracterizados os agentes, eles são colocados "no meio de numerosos povos": o pequeno povo que sobreviveu à tomada do grande império continua em situação desfavorável diante de outras nações com capacidades infinitamente maiores que a dos judeus. Mas já foi dito que seriam vitoriosos contra os povos inimigos, e a duas comparações oferecidas por Miqueias servem para confirmar esta ideia:

a) *Orvalho e chuva:* geralmente se refere à chuva leve ou à garoa do meio de outubro ao começo de novembro que prepara a terra para a lavoura e a plantação (JENSON, 2008, p. 161). Ou seja, não se trata de um povo infértil e arrasado, mas de uma nação que ainda é capaz de produzir frutos. O resto de Jacó só sobreviveu pela direção divina, por isso, "não espera no homem e não aguarda ninguém". Portanto, crescerá e dará frutos, porque o próprio Deus é sua garantia.

b) *Animais da floresta:* a outra comparação apresenta um olhar cheio de fé sobre a condição de Judá. Aparentemente está desintegrado, frágil e sem esperança de sobrevivência. Contudo, "como povo de Javé, resto de *Jacó*, esta comunidade tem que perceber sua grandeza e agir à altura" (ZABATIERO, 1996, p. 107). Deve agir como o leão adulto, que reina sobre todos os animais e com o apetite de um filhote de leão no meio de ovelhas: diante deste novo Israel, as outras nações são fracas (JENSON, 2008, p. 162).

As duas comparações mostram que o resto de Jacó poderia ser uma bênção para as nações que se decidissem por YHWH, mas também uma maldição para aquelas que seguissem fazendo o mal. Mas também, segundo Wolff (1990, p. 157), as comparações primeiro referem-se aos amigos de Israel e, então, voltam-se aos inimigos. De qualquer forma, manifestam a certeza da salvação dos israelitas e também indicam, por sua forma literária, sinais de uso litúrgico, especialmente pela exortação final: "Levanta tua mão contra teus adversários e sejam aniquilados todos os teus inimigos" (v. 8) (ZABATIERO, 1996, p. 106; WOLFF, 1990, p. 152).

Contudo, naturalmente, o desejo do povo humilhado também era por vingança. "O leão, como um predador, se transformou agora na imagem do 'remanescente' que se vinga do inimigo, uma indicação enfatizada pelo v. 8" (LABERGE, 2007, p. 518). Hillers (1984, p. 69) diz que, considerando que Miqueias estava associado com um movimento de revitalização e protesto, este "sonho imperial" bastante mundano formaria parte de uma visão sobre os bons tempos que chegariam, uma restauração de condições já destruídas pelos assírios. Elementos desta visão persistem em períodos posteriores da história de Israel.

## O fim do militarismo e o retorno ao Senhor (v. 9-14)

A porção final do texto que estudamos aqui está ligada às predições anteriores pela expressão "naquele dia" (4,6; 5,9). Este fechamento ajuda a compreender as predições anteriores e a ampliar seu significado, a partir de um vocabulário típico de Aliança. Nos v. 9-14, há quatro ocorrências da expressão "eu aniquilarei", acompanhada de outras ações de YHWH: "derrubarei", "arrancarei do teu meio", "exterminarei", "farei vingança". Este é o núcleo fundamental da defesa da fé javista, a marca da presença deuteronomista nos textos proféticos, que dá sentido a todos os acontecimentos. A destruição que é iminente no pré-exílio e que é contemplada no pós-exílio só tem sentido se vislumbrada sob o ponto de vista do afastamento dos homens de Deus. Aqui, os temas sociais dos primeiros capítulos de Miqueias já não mais aparecem, mas um novo dado social é inserido: o fim do militarismo. Se os filhos de Jacó seriam fortes para dominar todos os povos, esta última seção irá mostrar que a força é toda de Deus e que ele é o único que se pode vingar dos que não lhe obedecem.

Nesta série de condenações, há uma "uma adaptação de ditos sacerdotais de excomunhão (comp. Lv 20,3-6; Ez 14,8s), e seu formato redacional lhe dá uma tonalidade de oráculo de salvação" (ZABATIERO, 1996, p. 106). Segundo Wolff (1990, p. 153), a análise da história da forma indica que a fórmula de excomunhão "e eu aniquilarei" pode ser rastreada por meio de Ez 14,8s até o Código de Santidade (Lv 17,10; 20,3.5.6). A fórmula também ocorre no passivo (Lv 7,20ss; 20,18). Aqui nós encontramos uma máxima sacral-legal usada em conexão com pessoas que, tendo cometido crimes sérios, são excomungadas da assembleia de adoração para que sua comunhão com YHWH não corra riscos, garantindo a vida da comunidade (WOLFF, 1990, p. 153).

Estes tipos de construções frequentemente aparecem nos textos proféticos (HILLERS, 1984, p. 72): oito vezes "eu destruirei" em Jr 51,20-24; "Ele eliminará os carros de Efraim e os cavalos de Jerusalém; o arco de guerra será eliminado" em Zc 9,10; "Exterminarei o juiz de seu meio, e com ele matarei todos os seus príncipes" em Am 2,3; "aniquilarei os homens da face da terra" em Sf 1,3. Contudo, no conjunto de Amós, a fórmulas de excomunhão presentes nos v. 9-14 se distinguem das anteriores porque (WOLF, 1990, p. 153): (a) não são pessoas, mas coisas que são entregues à destruição; (b) os ditos de excomunhão são formulados diretamente, na segunda pessoa do singular, mas sem uma identificação precisa do interlocutor; (c) as séries de quatro ditos de excomunhão são unidas pela conclusão no v. 12b.

Os v. 9 e 10 mostram o fim do militarismo. Em tom escatológico, o profeta anuncia o fim dos cavalos e carros de guerra, chegando também nas cidades fortificadas. Essa também é a denúncia de Isaías: "Ai dos que descem ao Egito, à busca do socorro. Procuram apoiar-se em cavalos, põem a sua confiança nos carros, porque são muitos, e nos cavaleiros, porque são de grande força, mas não voltam os olhares para o Santo de Israel, não buscam YHWH" (Is 31,1). Aqui está o estabelecimento da paz por completo, quando as sociedades deixam-se guiar pela justiça de YHWH e, então, permitem que a obediência ao Senhor seja o grande critério de existência. A existência só ganha dignidade quando é conduzida pela justiça que institui o direito de Deus que, se estabeleci-da, abre mão do militarismo. "Este círculo profético [do séc. VIII], refletindo sobre a incapacidade do poderio militar em garantir a permanência de Judá, aposta na fé em Javé como o verdadeiro ponto de apoio para a vida da nação" (ZABATIERO, 1996, p. 108).

É nessa perspectiva que os v. 11-13 apresentam a condenação aos rituais mágicos ou deuses pagãos. A libertação da comunidade vai acontecer com sua própria purificação. Por isso, são condenados os adivinhos, os Asherim – eram símbolos de madeira feitos para o culto de Asherá, uma deusa cananeia (HILLERS, 1984, p. 73) –, e a estelas eretas, que eram usadas de diversas formas no antigo Israel. Por isso, com o fim da falsa segurança construída pelo poder militar ou pelos ritos pagãos, as condenações são concluídas em forma de promessa: "não te prostrarás mais diante da obra de tuas mãos" (v. 12).

Em última instância, está a restituição da fé de Israel que, naturalmente, implica a justiça social e o cuidado com os que mais sofrem. Nesta mesma linha está Isaías, tão próximo de Miqueias, quando apresenta o Príncipe da Paz:

> Porque um menino nos nasceu, um filho nos foi dado, ele recebeu o poder sobre seus ombros, e lhe foi dado este nome: Conselheiro-maravilhoso, Deus-forte, Pai-eterno, Príncipe-da-paz, para que se multiplique o poder, assegurando o estabelecimento de uma paz sem fim sobre o trono de Davi e sobre o seu reino, firmando-o, consolidando-o sobre o direito e sobre a justiça. Desde agora e para sempre, o amor ciumento de Iahweh dos Exércitos fará isto (Is 9,5-6).

O Deus ciumento implica a eliminação de tudo o que não seja conforme a ele, que não esteja de acordo com o direito e a justiça. Se esses dois elementos não estão presentes, Deus se mostra implacável. Nesta visão escatológica, não há espaço para o mal, a existência só pode ser construída alicerçada na justiça e no direito. Por isso, limitado em uma experiência de Deus que também açabarca a vingança e o juízo castigador e motivado pelo grande sofrimento e crise ética e moral de Israel, o livro de Miqueias apresenta a grande condenação de Deus àqueles que não aceitam sua proposta: "Com ira e com furor tomarei vingança das nações que não obedeceram!" (v. 14).

Também a promessa messiânica de Zacarias (Zc 9,9-10), que fala de um rei humilde, montado em um jumento, garante a absoluta eliminação dos conflitos: "Ele anunciará a paz às nações" (Zc 9,10). Contudo, a seção imediatamente anterior (Zc 9,1-8) apresenta uma nova terra, construída a partir da destruição das nações que não obedecem ao direito divino: "Tiro construiu para si uma fortaleza e amontoou prata como pó e ouro como lama das ruas. Eis que o Senhor se apoderará dela, precipitará no mar a sua força, e ela será devorada pelo fogo" (Zc 9,4). A ira e a cólera divina são despertadas pela injustiça.

## CONSIDERAÇÕES FINAIS

A estrutura concêntrica proposta por Zenger nos ajudou a situar o texto de Mq 5,4-14 no conjunto da obra e a compreender qual é o centro literário que está privilegiado: a promessa de um Messias de Belém (Mq 5,1-3). De fato, Miqueias lê os acontecimentos da história à luz da vinda do Messias porque descobre nessas promessas uma fonte que dá sentido aos fatos. Assim, o profeta e o redator final do livro podem sonhar com um novo futuro, onde a paz impera.

Dessa forma, pudemos ver como os textos de Mq 5,4-14 apresentam a extensão da atuação do Messias e como ela é capaz de transformar a sociedade desde dentro. Em primeiro lugar, dando ao povo a noção da força que tem, ainda que sua aparência seja débil e que sua posição diante das nações seja humilhante. São o "resto de Jacó" escolhidos e guiados por Deus, de forma que ninguém pode derrotá-los. Mais do que isso, o povo de Israel é chamado a ser como uma "luz das nações", colocado no meio dos povos como sinal divino.

Porém, esta força não vem do poder militar ou do culto vazio feito como os pagãos. A certeza do estabelecimento da paz reside na transformação da realidade concreta do povo. É preciso viver a partir da justiça divina, que extermina a falsa certeza do militarismo e pede uma estrutura religiosa ética. A paz não é a ausência da guerra, é muito mais. Implica a luta pela construção de novas relações. Por isso, o grande chamado para a fé em Deus presente no texto também impulsiona o leitor à sua responsabilidade pessoal na construção de um novo mundo.

Assim, a paz se manifesta na relação dos homens com a coisas criadas, com si mesmos, com os outros e com Deus. Essa é a leitura que o Novo Testamento fará deste texto de Miqueias. À luz dessa promessa, acolhe Jesus como o Messias da justiça e da paz, que reconcilia os homens, judeus e gentios, entre si e com Deus: "Ele é nossa paz" (Ef 2,14).

# REFERÊNCIAS

CATHCART, K. J. Micah 5,4-5 and Semitic incantations. *Biblica*, Roma, v. 59, p. 38-48, 1978.

_____. Notes on Micah 5,4-5. *Biblica*, Roma, v. 49, p. 511-514, 1968.

HILLERS, D. R. *Micah:* A commentary on the Book of the Prophet Micah. Philadelphia, Fortress, 1984.

JACOBS, M. R. *The conceptual coherence of the Book of Micah.* Sheffield: Sheffield Academic, 2001.

JENSON, P. P. *Obadiah, Jonah, Micah:* a theological commentary. New York: T&T Clark, 2008.

LABERGE, L. Miqueias. In: BROWN, R. E.; FITZMYER, J.; MURPHY, R. E. (eds.). *Novo comentário bíblico São Jerônimo:* Antigo Testamento. São Paulo: Academia Cristã/Paulus, 2007. p. 511-522.

PIXLEY, J. Miqueias o livro e Miqueias o profeta. *Revista de Interpretação Bíblica Latino-Americana*, Petrópolis, n. 35/36, p. 206-211, 2000.

SCHÖKEL, L. A.; DIAZ, J. L. S. *Profetas.* Madrid: Cristiandad, 1980. v. 2.

STURZ, R. J. Miqueias. In: BAKER, D. W.; ALEXANDER, T. D.; STURZ, R. J. *Obadias, Jonas, Miqueias, Naum, Habacuque e Sofonias:* introdução e comentário. São Paulo: Vida Nova, 2001. p. 151-287. (Comentários Bíblicos da Série Cultura Bíblica.)

WOLFF, H. W. *Micah:* a commentary. Minneapolis: Augsburg, 1990.

WOUDE, A. S. Micah in dispute with the Pseudo-Prophets. *Vetus Testamentum,* Leiden, v. 19, p. 244-260, 1969.

ZABATIERO, J. P. T. *Miqueias – voz dos sem-terra.* Petrópolis/São Leopoldo: Vozes/Sinodal.

ZENGER, E. O livro de Miqueias. In: ZENGER, E.; BRAULIK, G.; NIEHR, H.; STEINS, G.; ENGEL, H.; SCHWIENHOST-SCHÖNBERGER, L.; SCHROER, S.; MARBÖCK, J.; JÜNGLING H. W.; MEYER, I.; HOSSFELD F. L. *Introdução ao Antigo Testamento*. São Paulo: Loyola, 2003. p. 505-512. (Bíblica Loyola, 36.)

CAPÍTULO **8**

# UM PROCESSO CONTRA O POVO E APELO À FIDELIDADE

## MIQUEIAS 6,1-8

*Vicente Artuso*[1]

### INTRODUÇÃO

O texto se caracteriza como gênero do "pleito" (processo, pleito), também conhecido como gênero requisitório profético após a ruptura da Aliança (cf. SICRE, 2011, p. 382; FESTORAZZI; TESTA, 1975, p. 230). Deus, ofendido com a infidelidade do povo, entra em processo de litígio (cf. Is 3,13-15; 41,21-29; Jr 2,4-9;

---

[1] Professor no mestrado e doutorado em Teologia na PUC-PR.

136

Mq 6,2-8). Deus é a parte ofendida que entra em juízo e requer seus direitos. Seria como alguém que entra na justiça contra quem o prejudicou para reaver seus direitos lesados. Em Mq 6,1-8, no entanto, supõe-se que o povo havia entrado em litígio queixando-se contra Deus. De fato, em Mq 6,3-5 o sujeito é Deus, que se interroga e se lamenta: "O que te fiz, povo meu?". E, então, relata os atos de justiça e gratuidade na história. A seguir, em Mq 6,6-7 o sujeito que responde é o povo tentando justificar-se com sacrifícios e promessas. No final, pela voz do profeta é expresso o projeto: Deus requer apenas a prática do direito e a fidelidade (Mq 6,8).

O processo foi levantado contra o povo (v. 1) porque ele não reconheceu os benefícios recebidos e se mostrou ingrato diante dos atos de justiça de Deus. O maior ato de justiça é o fato histórico da libertação da escravidão do Egito amiúde lembrado nos profetas. Este estudo parte de uma análise exegética do texto mediante uma tradução literal, contextualização, e uma análise teológica no contexto da profecia. O sentido do texto é enriquecido mediante a relação com outros textos. Menciona-se a análise partindo das temáticas que emergem da estrutura e do vocabulário com seu alcance teológico bem presente em Miqueias e em outros livros proféticos. Se em algumas situações Deus entra em processo contra o povo, em outras é o povo que litiga contra Deus exigindo o cumprimento das promessas. A Aliança da parte de Deus é gratuita, mas o ser humano nos momentos mais cruciais apela a Deus, argumenta requerendo seus direitos como recompensa pelo bem praticado, ou quando acusado ou ameaçado por castigos recorre a sacrifícios compensatórios. O povo no deserto também entrara em processo com Deus, colocando-o à prova em Massa e Meriba (Ex 17,7). Este povo esquecera os atos da justiça de Deus que primeiro o amou e libertou. O fato é lembrado para não ser repetido: "não endureçais o vosso coração como em Massa e Meriba no deserto" (Sl 95,8). Deus não pede nada, exceto que caminhemos com ele, na justiça e no amor à misericórdia. E isso é tudo. Ele não pediu sacrifícios e holocaustos compensatórios em troca do dom da vida. Deus nos deu um corpo para nos dispor à obediência de realizar antes de tudo o seu projeto. Foi o que fez Jesus, fazendo suas as palavras do salmista: "Eis-me aqui Senhor para fazer a tua vontade".

## TRADUÇÃO

6,1aOuvi pois o que o Senhor está dizendo:

6,1b"Levanta, chama ao processo as montanhas!

6,1cOuçam as colinas tua voz!"

6,2aOuvi montanhas o processo do Senhor

6,2be os fundamentos perenes da terra

6,2cporque o Senhor tem um processo com seu povo e com Israel vai pleitear.

6,3aMeu povo, que fiz para ti?

6,3bno que te fatiguei? Responde-me?

6,4aPosto que te fiz subir da terra do Egito

(*kî* introduz frase explicativa, pois, porque, posto que)

6,4be da casa da escravidão de livrei

6,4ce enviei diante de ti Moisés, Aarão e Miriam.

6,5aMeu povo lembra o que planejou Balak, rei de Moab,

6,5be que lhe respondeu Balaão, filho de Beor de Setîn até Guilgal

6,5ca fim de dar a conhecer os atos justos do Senhor.

[6,6a]"Com que me acheguei Senhor para encurvar-me ao Deus das alturas?

[6,6b]Me acheguei a ele com holocaustos, com bezerros de um ano?

[6,7a]Se compraz o Senhor com milhares de carneiros e dez mil torrentes de óleo?

[6,7b]Darei meu primogênito por minha transgressão,

[6,7c]o fruto do meu ventre pelo pecado da minha alma?"

[6,8a]Ele proclamou para ti, ó homem, o que é bom

[6,8b]e o que o Senhor procura de ti, exceto fazer o direito, o amor da misericórdia, e andar humildemente com teu Deus.

## ESTRUTURA DO TEXTO

Zabatiero (1996, p. 113) observa uma estrutura dialogal: a fala do Senhor que relata os atos salvíficos (v. 3-5), a resposta do povo que adapta uma forma de instrução sacerdotal (v. 6-7) e a fala final do profeta em forma de exortação (v. 8). Assim, o autor classifica a perícope como uma discussão no âmbito judicial. Na mesma linha, Dias Lopes (2010, p. 132-139) e Richard Sturz (2006, p. 253) comentam o texto de Mq 6,1-8 como uma cena de um tribunal:

a) juiz: Deus (Mq 6,1-2);

b) réu: o povo (Mq 6,3) que recebe a acusação;

c) promotoria que apresenta a acusação contra o réu (Mq 6,4-5);

d) a defesa fala apresentando os ritos sagrados como argumento (Mq 6,6);

e) o argumento não é aceito (Mq 6,7);

f) o povo, que é o réu, recebe a instrução que o reto Juiz espera (Mq 6,8). Portanto, as acusações são feitas, a defesa fala e depois o profeta indica o que Deus exige. Textos semelhantes com recital dos atos salvíficos e exortação encontram-se em Is 5,1-7 e Dt 10,12-22.

Diante desses elementos claros do gênero da disputa, ou processo requisitório da Aliança, propomos esta divisão:

1) Mq 6,1 – Introdução com a fórmula profética.

2) Mq 6,2 – Abertura do processo e convocação das testemunhas (fala do profeta).

3) Mq 6,3 – Interrogatório do Senhor: "Que te fiz eu?" (fala do Senhor).

4) Mq 6,4-5 – Memória do êxodo e dos atos justos (continuação da fala do Senhor).

5) Mq 6,6-7 – Tentativa de justificar-se com sacrifícios (resposta do "povo").

6) Mq 6,8 – Decreto que determina a exigência do Senhor: fidelidade (fala do profeta).

## CARACTERÍSTICAS LITERÁRIAS DO TEXTO

Predomina a linguagem típica do processo jurídico contra o povo. O vocábulo "rîb", que se traduz como processo, pleito, aparece três vezes nos v. 1-2. Esse gênero do processo é do tipo condenatório em Mq 1,2-7. Porém, em Mq 6,1-8 é de tipo cultual, com a inserção de uma instrução que fecha a perícope Mq 6,8. A forma literária do processo (*rib*) parece ser uma demitização dos processos míticos da divindade contra as forças cósmicas do *panteon* ugarítico. Estes processos míticos contêm quatro ações: a) convocatória do juízo; b) aparição da corte (testemunhas); c) acusação por meio de interrogatório; d) sentença (cf. TESTA; FESTORAZZI, 1975, p. 230 e 459). Essas ações transparecem em Mq 6,1-8, conforme a estrutura anterior. A rigor, falta em nossa perícope a sentença final do oráculo de condenação. Nesse caso teríamos que alongar nossa análise incluindo os v. 9-16, que contêm ameaças de castigo por causa das ações injustas. Essas ameaças justificam a exigência do Senhor de prática da justiça e da misericórdia como algo essencial para realizar o projeto de Deus, "o que o Senhor procura de ti" (Mq 6,8).

Chama atenção duas vezes o uso do imperativo "ouçam" nos v. 1-2. Um apelo ao povo para ouvir, outro apelo às montanhas e perenes fundamentos da terra para que ouçam. Parecem claros os elementos do gênero literário do processo em que Deus requer a fidelidade do seu povo após o pecado de injustiça, exploração e violência contra os fracos (Mq 1,5; 2,2; 3,1-3; 3,9-10; 6,9-16). Por isso, esse gênero é também chamado de "requisitório profético após a quebra da Aliança". No início é o profeta que convoca e anuncia o processo do Senhor (v. 1-2), depois é o próprio Senhor que se interroga como se procurasse os motivos da infidelidade do povo (v. 3). Predomina o estilo de perguntas retóricas de ambas as partes: Deus tenta se justificar: "que te fiz eu?" (v. 3) e faz memória dos atos de justiça na história. O povo apela aos sacrifícios como meio de se justificar ou quiçá aplacar a ira, pois o castigo virá por causa das injustiças (Mq 6,14-15). O texto conclui-se com uma frase exceptiva introduzida que traduzimos como "exceto que". Entende-se aqui que o povo deve seguir somente o projeto de Deus, explicitado em três elementos: fazer o direito, amor

141

da misericórdia, andar humildemente com Deus (v. 8). O estilo, com perguntas retóricas no esquema típico do processo ou contenda, caracteriza um gênero profético bastante incisivo que revela a necessidade de o povo se converter e dá o motivo das ameaças de castigo que se seguem (Mq 6,9-16).

## INTERPRETAÇÃO TEOLÓGICA

### O processo contra o povo

O texto é introduzido com o convite a ouvir. Trata-se de um oráculo profético: "ouvi o que o Senhor está dizendo" (Mq 6,1). Ele retoma de Mq 1,2 o convite reforçado de ouvir com o verbo no imperativo. É o processo que o Senhor levanta contra o povo. Esta introdução dá autoridade a todo o texto que segue como Palavra de Deus. Assim, o convite "ouçam o que o Senhor está dizendo" (Mq 1,1) é uma fórmula comum para iniciar um oráculo e aparece com pequenas variações nos livros proféticos. Citamos alguns exemplos em Miqueias: "Palavra do Senhor dirigida a..." (Mq 1,1), "Assim disse o Senhor" (3,5), "Oráculo do Senhor" (Mq 5,9).

A reação que se espera diante da Palavra é a escuta obediente. No Deuteronômio o verbo se assemelha a uma fórmula do credo "Ouve Israel..." (Dt 4,1; 5,1; 6,4; 9,1). O apelo da escuta é dirigido ao profeta, às colinas, às montanhas, aos fundamentos da terra (Mq 6,2; Is 1,2-3; Jr 2,12; 22,29). Aqui o verbo sugere a antecipada escuta requerida e o interrogatório das partes no processo de julgamento. Mais do que isso, "ouvir" sugere a percepção mais profunda da realidade, o cumprimento de um pedido e o seguimento do conselho. Portanto, ouvir, ver, denotam a condição relacional do ser humano, uma dimensão antropológica a ser observada com atenção na perícope (SUAIDEN, 2012, p. 83). Essa relação do ser humano com Deus e com o próximo foi rompida pela infidelidade à Aliança por meio de atos de injustiça, violência, corrupção. A convocação da natureza por testemunha é como se fosse o último esforço de Deus para se fazer ouvir (MAILLOT, 1980, p. 142). Se a natureza é testemunha, também o serão todas as nações. É o profeta Ezequiel quem falará que Judá será julgada diante das nações (Ez 5,7-8.14-15). O processo é contra seu povo, contra Israel, é o pleito. Pela Aliança no Sinai, o povo de Israel tornou-se povo de sua propriedade, nação santa (Ex 19,6). A condição de continuar a ser povo de Deus, com uma relação especial com Deus, será a de obedecer à voz do Senhor e pôr em prática os mandamentos (Dt 27,10). Então a Aliança seria consolidada: "Eu serei seu Deus e eles serão meu povo" (Jr 31,33). A proclamação do julgamento, com tal ênfase em Miqueias, se dá porque os direitos de Deus foram feridos pela prática das obras injustas, violências e opressões no meio do seu povo.

## O lamento de Deus

O texto em forma de lamento é também uma defesa do Senhor de uma acusação levantada pelo povo. A acusação está implícita e o povo reclamava porque o Senhor não fora o deus que eles desejavam. Observa Zabatiero (1996, p. 114) que o texto reflete uma situação de sofrimento que o leva a queixar-se. Poderia ser as derrotas perante os exércitos assírios? Não se sabe.

O lamento tendo Deus como sujeito inicia com "povo meu" (Mq 6,3a) para lembrar que a relação da parte de Deus é sempre fiel e que o povo é sempre seu "povo eleito", "a porção do Senhor" (Dt 32,9). Segundo Zabatiero (1996, p. 117), em Miqueias a expressão "meu povo" não se refere aos fracos de Mq 1–3, mas aos opressores. Considerando-se essa porção do povo que quebrou a Aliança, a expressão "meu povo" não deixa de ter tom irônico. Em Oseias, por causa da quebra da Aliança, Israel é simbolizado com o nome simbólico do filho do profeta: ("lo hammi") "não meu povo" (Os 1,9). Em Miqueias se supõe, com a expressão "meu povo", que os acusadores tinham condições de concretizar na sociedade a justiça, mas a esqueceram. Podem ser incluídos aqui os denunciados, os ricos que cobiçam e roubam (Mq 2,2), chefes, magistrados (Mq 3,1.9), profetas mercenários (Mq 3,5). Pois bem, em Mq 6,2 o profeta os havia chamado "seu povo" Israel. Portanto, o oráculo é dirigido especialmente a uma porção que não pratica justiça e não ama a misericórdia porque oprime. Segundo D. W. Baker (2006, p. 256), esses pronomes ("seu povo", "meu povo") deixam implícito não apenas o relacionamento aqui conflituoso, dialético, mas também a misericórdia no tratamento que Deus lhes dispensara anteriormente (Dt 4,34-35). É para essa misericórdia que Deus lhes chama a atenção em Mq 6,4-5. As perguntas incisivas "que fiz para ti? No que te fatiguei? Responde-me?" devem levar o povo à reflexão, a cair em si. Observa Baker que essas interrogações pintam o quadro de um povo cabisbaixo, silenciado pela culpa. Não havia resposta. Esse texto lembra a pergunta retórica de Isaías: "Que mais podia fazer a minha vinha que eu já não tenha feito?" (Is 5,4).

Nem Deus pede uma resposta simples. Melhor seria a pergunta: "prova para mim que te fiz eu?". A resposta é o silêncio! Não se pode acusar Deus, que os libertou gratuitamente da casa da servidão. Na verdade, estas perguntas retóricas desafiam o povo a olhar para dentro de si e perceber o vazio de suas ações. O Senhor foi sumamente justo, mas o povo se esqueceu das obras de justiça e bondade com o próximo que deveria realizar, a exemplo do próprio Deus justo e misericordioso. Na verdade, Deus em nada fatigou, ou foi um peso para o povo. Ao contrário, ele o tirou do jugo da escravidão para a liberdade.

## Memória do êxodo: "Te fiz subir da terra do Egito" (Mq 6,4)

Continua o discurso de Deus, após os questionamentos (6,3b), com uma frase explicativa "Posto que te fiz subir da terra do Egito" (Mq 6,4a) "e da casa da servidão te livrei" (Mq 6,4b). Percebe-se no estilo uma estrutura em forma de paralelismo sinonímico e cruzado nesse versículo: "casa da servidão *versus* Egito" com "te fiz subir *versus* te livrei". No início a pergunta retórica "povo meu que te fiz eu" (6,3) recebe agora a resposta "te fiz subir da terra do Egito". O sujeito das ações é o Senhor. O verbo "subir", utilizado na forma "hifil", é uma forma causativa, alguém "faz subir". Aplica-se geralmente à travessia do Egito para a Palestina (Gn 13,1; 45,25; Ex 1,10; 12,38; 13,18; Nm 32,11; Is 11,16; Os 2,17) e à subida do Egito para o país de Canaã (Ex 33,1; Nm 13,17.21.30; Dt 1,21.26.41) (Westermann, 1978, p. 354). Tem o sentido de tirar de (Gn 37,28; Nm 20,25; 22,41;

Js 7,24), e em quarenta e dois casos o verbo "tirar", "fazer subir" se refere ao êxodo histórico (Westermann, 1978, p. 360). Portanto, o êxodo é o "feito", "obra" de Deus por excelência que expressa sua gratuidade. O êxodo torna-se o credo histórico de Israel (Dt 6,20-25; 26,4-11; Ex 12), pois na libertação o Senhor é identificado como o Deus que vê, ouve, se compadece e desce para libertar o povo, fazê-lo subir da casa da escravidão. Fazer subir é paralelo a livrar. Esta é uma obra gratuita de Deus. O Senhor é identificado com o nome YHWH, "aquele que é", porque é aquele que se compadece e faz subir o povo, e o "livra da casa da escravidão" (Mq 6,4b). O verbo "livrar" é típico do Deuteronômio e é aplicado à libertação do Egito (Dt 9,26; 15,15; 21,28; 24,18), assim como "casa da escravidão" é sinônimo de país do Egito (Dt 5,6; 6,12). Não é sem motivo que o êxodo é lembrado nos profetas (Am 2,9-11; 3,1; 9,7; Os 2,17; 11,1; 12,14). Portanto, o texto tem um longo alcance teológico.

## Personagens e fatos da caminhada

A última frase de Mq 6,4c é "enviei diante de ti Moisés, Aarão e Miriam". Vimos que não só Deus libertou o povo da escravidão (Ex 13,3.14; Dt 8,14). Ele também conduziu o povo no deserto e deu-lhe líderes: Moisés, profeta e legislador, para libertar, instruir (Ex 6,26-30), ser o mediador nos momentos de crise e revoltas na caminhada no deserto; Aarão, irmão de Moisés, profeta (Ex 7,7), e depois também mediador no papel sacerdotal (Lv 8–10), para interceder pela comunidade nas funções litúrgicas e obter o perdão dos pecados (Ex 28,1-4); Miriam, a profetisa, para conduzi-lo em louvor a

Deus (Ex 15,20-21). Deus se revela na história também através dos líderes. Eles guiam o povo com assistência divina. Foram enviados para ajudar o povo a organizar-se como comunidade. O êxodo deve-se à atuação dos personagens que perseveraram no projeto de Deus. Deus acompanhou o povo na caminhada, colocou-o à prova no deserto (Dt 8), mas foi no deserto que também se revelou Deus presente, atento à falta de água, falta de alimento (Ex 15,22-27; 16,1-35). Ele também fez uma Aliança e elegeu o povo como reino de sacerdotes, nação santa (Ex 19,6).

Mais uma vez com a expressão "meu povo" o Senhor convida a lembrar o que planejou Balak, rei de Moab (Mq 6,5a). Nessa ocasião, Deus mudou a maldição pedida por Balac, rei de Moab, em bênção. Balaão, contratado para ser profeta a fim de maldizer o povo eleito, acaba fazendo o contrário: "Recebi a ordem de abençoar. Abençoarei e não amaldiçoarei" (Nm 23,20). Ele se transforma em profeta de Deus, pois obedece ao Senhor, que lhe havia ordenado: "Não amaldiçoarás este povo, pois é bendito" (Nm 22,12). O povo de Israel é conduzido até Setim, a última etapa antes de entrar na terra prometida, e depois até Guilgal, o primeiro acampamento após a passagem do Jordão (Js 3). Temos a síntese da história do povo e a revelação dos atos justos de Deus, que esteve sempre presente: saída do Egito, condução no deserto com Moisés, Aarão e Miriam, chegada a Moab, passagem do Jordão. A lembrança dos atos justos de Deus torna evidente a bondade e generosidade divina. Israel deve tirar a conclusão de que seus males não dependem da vontade divina, mas se originam de sua infidelidade (VIRGULIN, 1978, p. 92-93).

## Tentativa do povo de se justificar com sacrifícios

O objetivo do processo é revelar qual o projeto de Deus a ser seguido pelo povo da Aliança. Em Mq 6,6-7, quem toma a palavra é o povo mediante o seu porta-voz. Com perguntas retóricas, o povo (especialmente as lideranças), os réus do processo, tenta justificar-se na sua fidelidade. Parece que a promessa dos melhores sacrifícios e ofertas seria suficiente para provar sua inocência. Mas o autor convida os interlocutores a irem mais longe. O que Deus realmente pede dos seus fiéis? Serão suficientes os sacrifícios e obras do culto? Está em pauta um tema profético de destaque, a defesa da verdadeira religião que agrada a Deus. Ele não pede sacrifícios e holocaustos aos milhares, pois, por melhor que sejam, de nada valem se não forem seguidos por atos de justiça. Os "atos justos do Senhor" foram sinais da fidelidade de um Deus pessoal que gratuitamente veio em socorro do povo para libertá-lo da escravidão. A resposta da comunidade é o serviço do Senhor com obras de justiça e atitudes de misericórdia. No entanto, as perguntas deixam transparecer a preocupação de agradar a Deus com o culto e os sacrifícios. Com que me apresentarei diante do Senhor? Apresentar-me-ei com holocaustos? Sabemos que o holocausto era a forma mais perfeita dos sacrifícios do ritual hebraico (Lv 1,3-17), pois a vítima era totalmente queimada, sendo oferecida de forma completa ao Senhor. Portanto, é a resposta melhor que aquele que crê, julga dar ao Senhor. Seriam holocaustos e bezerros de um ano, sem defeito, os melhores dons (Lv 9,3; 22,27). Não bastasse a oferta de holocaustos e bezerros de um ano, a pergunta retórica inclui os "milhares de carneiros e dez mil torrentes de óleo" (Mq 6,7a). São os melhores sacrifícios e em máxima quantidade. Lembra a oferta de Salomão na dedicação do Templo: "vinte e dois mil bois e cento e vinte mil ovelhas" (1Rs 8,63), e a grandeza dos sacrifícios na Páscoa de Josias (2Cr 35,7: "gado miúdo, cordeiros e cabritos em número de trinta mil, destinados às vítimas pascais e, ainda, três mil bois". Segundo Alonso (1991, p. 1098), está claro que "se trata de um culto oficial que fornece diversos tipos de sacrifícios para diversas necessidades espirituais". O povo pensa nos sacrifícios mais valiosos e até em sacrifícios valiosíssimos que eram ilegais, como os sacrifícios humanos, mais tarde duramente condenados (Jr 7,31; Ez 20,26).

Para Maillot e Lelièvre (1980, p. 148), "esta forma de pensar supõe um deus que tivesse necessidade de sacrifícios dignos dele. Até mesmo supunha que o Deus do Antigo Testamento fosse como os deuses cananeus ou caldeus (cf. Abraão da Caldeia, ao qual seu novo Deus fez saber que não queria o sacrifício humano do filho Isaac – Gn 22,12) ávidos de sacrifícios humanos". Não é culto o que Deus exige, mas a conversão e a prática da justiça (Is 1,10-20; 58; Jr 7; Am 5,18-25) e da misericórdia: "Quero a misericórdia e não o sacrifício, o conhecimento de Deus mais que holocaustos" (Os 6,6).

## EXIGÊNCIA DO SENHOR: FIDELIDADE

O autor coloca uma alternativa ao caminho do culto em forma de um resumo composto de dois ou três elementos, como se encontra na literatura profética (Is 5,7; Am 5,24; Os 4,1; 6,6; 13,7) e sapiencial (Pr 11,27;

12,2). Em geral, propõe a procura do bem, a prática do direito, da justiça, da misericórdia. Em Mq 6,8a é a voz do profeta que proclama com o vocativo "ó homem". Esta forma reflete a intenção da exortação de atingir a todo o grupo destinatário com a resposta pessoal de cada um, conforme o texto indica: "o que o Senhor procura de ti". O texto mostra que o Senhor procura uma disposição e atitude interna de misericórdia, de busca da justiça e do bem (cf. MAYS, 1976, p. 141). Quando cada israelita se interiorizar e assimilar o direito e o amor da misericórdia, então, andará com Deus. O termo (*mishpat*) engloba tudo o que é reto e justo, conforme a tradição da vontade divina. Amós iguala o que é bom com a defesa da justiça no tribunal e no portão (Am 5,14). Isaías exorta a fazer o bem, na busca do direito, correção do opressor, e na prática da justiça em favor do órfão e defesa da viúva (Is 1,17). Jeremias nos fornece um sumário com ênfase na manutenção dos direitos dos fracos (Jr 7,5; cf. 22,3). José Luis Sicre (2011, p. 384) observa que o binômio "direito-bondade" (Os 12,7; Jr 9,23) na prática coincide com "direito-justiça", bastante frequente (Am 5,7.24; 6,12; Is 12,21; 28,17; Sl 33,5; 72,2; Pr 8,20; 16,8; 21,3).

Em nosso texto, toda prática do bem e da justiça é colocada em contraste com a celebração do culto. A frase exceptiva destaca a primazia da prática da justiça e misericórdia: "O que o Senhor procura de ti, exceto fazer o direito, o amor da misericórdia, e andar humildemente com teu Deus" (Mq 6,8b). Isso significa que fazer o direito e amar a misericórdia não têm comparação com os inumeráveis sacrifícios, justamente porque o culto era vazio, sem disposição para a prática, puramente exterior.

Deus procura o que é bom, que se concretiza em três coisas: praticar o direito, amar a misericórdia e andar com Deus. A primeira exigência de praticar o direito abrange e supera uma série de preceitos negativos, tais como proibição de oprimir, subornar. Insiste no direito dos membros mais fracos. Há uma superação do pensamento jurídico com a segunda exigência: "o amor da misericórdia". Essa expressão única em Miqueias lembra a atitude de Deus "rico em bondade e fidelidade" (Ex 34,6-7). O conteúdo da palavra hebraica *hesed* inclui bondade, misericórdia, fidelidade. Esse termo está relacionado com a Aliança e com um comportamento feito de respeito, bondade, fidelidade, generosidade (cf. SICRE, 2011, p. 385). Foi o que Deus revelou na sua Aliança, com atos justos na história do povo. Por isso, viver segundo as exigências da Aliança não é só cumprir mandamentos, mas estabelecer com o próximo relação conforme o ideal da Aliança estabelecido por Deus (RENAUT, p. 298, apud SICRE, 2011, p. 284). O homem justo e reto caminha com Deus e é humildemente atento a sua vontade, pois "com os humildes está a sabedoria" (Pr 11,2). Temos as figuras exemplares de Enoc, que "andou com Deus" (Gn 5,22), e Jó, homem "íntegro, reto, que temia a Deus e se afastava do mal" (Jó 1,1.8).

## CONCLUSÃO

O povo eleito de Deus e chamado a viver o projeto da Aliança não correspondeu plenamente a sua vocação de ser "seu povo". Deus revelou na história os "atos justos", ações gratuitas fundadas na justiça e misericórdia. A pergunta retórica, quando Deus toma a palavra, "Que fiz eu", remete os leitores para a história passada das ações de Deus. A lembrança da história da libertação deveria gerar uma atitude de gratidão e questionamentos no presente: O que estamos fazendo? É isso o que Deus realmente espera de nós? Portanto, o questionamento não se volta para Deus como quem procura justificar-se apresentando ações meritórias. A questão visa ao leitor, e o desafia a uma conversão, saindo de sua religiosidade cômoda, para se comprometer com a justiça social e a misericórdia.

Assim, o estudo aqui feito revela que o povo não tinha argumentos para culpar a Deus ou dele cobrar benefícios, nem tampouco para ousar justificar-se com atos de culto a fim de reivindicar bênção ou bem-estar na vida. Deus concede a seu povo muito além do que julga "merecer". O maior ato da bondade de Deus lembrado é a libertação do Egito. Desta história o povo é convidado a tirar muitas lições. Além da libertação, sua própria vida revela inúmeros sinais da bondade e fidelidade de Deus: "Olhem as aves do céu, que não trabalham e não ceifam e, no entanto, Deus as alimenta. Olhem o sol e a chuva. Vosso Pai do céu faz nascer o sol para os justos e injustos, faz cair a chuva para os bons e os maus".

O texto de Miqueias chama atenção para vermos os atos da justiça e bondade de Deus na eleição do povo, na sua libertação da escravidão do Egito e condução até a terra prometida. Deus foi sempre fiel e esteve presente nos momentos mais dramáticos. Ele revelou sua justiça, quando ouviu o clamor do povo, e desceu para libertá-lo. Sua bondade revelou-se num momento em que o povo estava escravizado, oprimido. É esse Deus que o povo conheceu pelo nome, aquele que é e continua agindo na história.

A forma literária do processo, do julgamento, é na verdade a cobrança de Deus a correspondermos como povo eleito com ações de justiça e bondade. Com atitudes que sejam conformes com o projeto da Aliança. O culto a Deus será autêntico quando oferecermos nossa vida, nossas disposições e propósitos de fazer o bem. Este será verdadeiro culto espiritual de quem caminha com Deus. Fazer o correto e amar a misericórdia revelam a verdadeira religião. Trata-se da vivência no amor de Deus que se desdobra em atos de justiça e cria relações novas no amor, a exemplo do próprio Deus que nos amou primeiro. É pela falta de ações justas que seremos julgados. Deus entra em processo contra nós requerendo seus direitos, que na verdade são os direitos dos pobres. Os direitos de Deus são lesados, quando não se respeita o direito dos pobres. Tudo o que é feito ao menor dos irmãos, é feito a Deus, que em Jesus se identifica com os pobres. Ele assumiu a condição humana e foi pobre, a fim de revelar o projeto de Deus, para que andemos nos seus caminhos.

## REFERÊNCIAS

BAKER, David W.; DESMOND, Alexander T.; STURZ, Richard J. *Obadias, Jonas, Miqueias, Naum, Habacuque e Sofonias*. São Paulo: Vida Nova, 2006. (Série Cultura Bíblica.)

JENNI, E.; WESTERMANN, C. *Diccionario Teologico Manual del Antiguo Testamento I e II*. Madrid: Ediciones Cristiandad, 1978.

LOPES, Hernandes Dias. *Miqueias. A justiça e a misericórdia de Deus*. São Paulo: Agnos/ABDR, 2010.

MAILLOT, A.; LELIÈVRE, A. *Atualidade de Miqueias. Um grande profeta menor*. São Paulo: Paulinas, 1980.

MAYS, James L. *Micah. Old Testament Library*. London: SCM Press, 1976.

SCHÖKEL, Luis Alonso; DIAZ, José Luis Sicre. *Profetas II. Ezequiel, Profetas Menores – Daniel – Baruc – Carta de Jeremias. Grande Comentário Bíblico*. São Paulo: Paulus, 1991.

SICRE, José Luis Dias. *Com os pobres da Terra. Justiça social nos profetas de Israel*. Santo André/São Paulo: Academia Cristã/Paulus, 2011.

SUAIDEN, Silvana. *Miqueias 6,1-8. Um texto paradigmático na interface da crítica profética com a sabedoria israelita*. São Bernardo: Universidade Metodista de São Paulo, 2012 (dissertação de Mestrado).

TESTA, Emanuele; FESTORAZZI, Franco. *Il profetismo e I Profeti. 4/ Messaggio della Salvezza*. Torino: Elle Di Ci/ Leumann, 1975.

VIRGULIN, STEFANO. Os doze profetas. In: BALLARINI, Teodorico (org.). *Introdução à Bíblia II/4*. Petrópolis: Vozes, 1978, p. 92-93.

ZABATIERO, Julio Paulo Tavares. *Miqueias*: voz dos sem-terra. Petrópolis: Vozes/Sinodal, 1996.

CAPÍTULO 9

# CONTRA OS RICOS QUE PRATICAM VIOLÊNCIA E ROUBAM

## MIQUEIAS 6,9-16

*Daniel Vicente[1]*

**INTRODUÇÃO**

Miqueias, um dos profetas menores, profetizou no Reino do Sul e, além disso, foi contemporâneo de Isaías. Redigiu e profetizou principalmente contra as atitudes do povo da capital, em Jerusalém; o livro é muito rico em sua compilação profética, com diversos oráculos de juízo e de julgamento. Neste capítulo, estaremos atentos

---

[1] Mestrando em Teologia pela PUC-PR.

à perícope 6,9-16, que, como lembra Comblin, se trata de "um discurso de julgamento mais longo, redigido segundo os processos judiciais da porta da cidade" (COMBLIN, 2006, p. 127), e que mostra o selo e a advertência divina para com o seu povo, especialmente quanto à relação entre ricos e pobres no ambiente de Judá.

Peisker apresenta um breve resumo sobre a vida de Miqueias e alguns pontos que mostram o contexto sobre a história do homem de Deus e suas características:

> Era natural de Moresete, cidade situada nos contrafortes de Judá a uns 32 quilômetros a oeste de Jerusalém, na extremidade da planície marítima, entre as montanhas de Judá e a Filístia junto ao mar. Ainda que a região fosse fértil e bem provida de água, lugar de plantações, pomares de olivas e pastos, os agricultores, entre os quais Miqueias fora criado, quase sempre estavam em dificuldades econômicas. Oprimidos pelas dívidas, eram forçados a hipotecar suas propriedades aos ricos de Samaria e Jerusalém, os quais lhes desapropriavam as terras. Assim, se tornavam arrendatários de fazendas, oprimidos por senhores gananciosos e insensíveis. Esta exploração dos pobres foi, aos olhos de Miqueias, um dos crimes mais hediondos de seus dias, e ele bravamente denunciou estes exploradores (2.2). O mundo de Miqueias estava em revolução. E o profeta estava ciente da situação agourenta. Ele morava numa região de aldeiazinhas afastada das atividades políticas das capitais, mas era o seu vale amplo e aberto que tinha de suportar o ímpeto do ataque do invasor que empreendesse conquistar Judá. Foi por isso que ele viu e sentiu os terrores da catástrofe espantosa de seu mundo (PEISKER, 2006, p. 168).

Mq 6,9-16 mostra um retrato deste contexto de opressão provocada pelos ricos da comunidade de Judá, principalmente por parte de sua capital Jerusalém sobre as demais regiões do Reino do Sul. O texto consiste no julgamento divino sobre as pessoas que oprimem os pobres.

O profeta levanta a voz para condenar ações opressoras presentes em Judá. Deus, através de sua Aliança com Israel, sempre ensinou que a opressão era um pecado. A opressão, no contexto de Miqueias, tinha se propagado grandemente sobre Judá, o que levou o profeta a revelar a vontade de Deus com relação às atitudes de um grupo de pessoas pecadoras, que não estavam sensíveis ao sofrimento do próximo, e que, assim, continuavam a viver suas vidas em estado de constante pecado, o que levaria ao juízo divino. Deus não iria deixar que essa situação continuasse a se propagar e enviou uma advertência de juízo sobre todos os opressores.

Em Mq 6,9, Deus convoca todos a ouvirem a sua voz e a meditarem sobre o julgamento que virá sobre os ricos em Judá e Jerusalém.

## CONTEXTO DA OPRESSÃO

Mq 6,9-16 traz uma exortação ao comportamento dos ricos que seriam julgados por conta de sua ação opressora sobre os pobres. Ele aborda esse julgamento contra os que praticavam violência, injustiça, desrespeito, ganância, pecado contra os menos favorecidos:

[9]A voz de Iahweh convoca a cidade:
"Ouvi, tribo e assembleia da cidade!"

¹⁰Posso eu suportar uma medida falsa
e um *efá* diminuído, abominável?
¹¹Posso eu inocentar as balanças falsas
e uma bolsa de pedras falsificadas?
¹²Pois seus ricos estão cheios de violência,
seus habitantes mentem
e sua língua é falsidade em suas bocas.
Eu, também, comecei a golpear-te, a devastar-te por
causa de teus pecados.
¹⁴Tu comerás, mas não te saciarás, colocarás à parte, mas
não poderás salvar; e o que salvares,
eu entregarei à espada.
¹⁵Tu semearás, mas não poderás colher, pisarás a
azeitona, mas não te ungirás com o óleo, o mosto,
mas não beberás o vinho.
¹⁶Tu guardas os preceitos de Amri, todas as práticas da
casa de Acab; andas conforme os seus princípios, para
que eu te entregue à devastação e teus habitantes ao
opróbrio. Carregareis a vergonha dos povos.

O texto mostra claramente a denúncia e sentença de Deus contra a presente situação do povo de Judá, através do julgamento, que, segundo os costumes das cidades no Antigo Testamento, era realizado na entrada da cidade, onde se reuniam os anciãos para poderem julgar as demandas da sociedade, disputas, desavenças, roubo. Tudo era julgado pelos sábios anciãos, e decretado o juízo segundo a lei de Moisés. No texto Deus convoca toda a cidade para ouvir o seu decreto e transmite sua Palavra ao profeta com as exortações para a cidade.

A primeira parte do texto, v. 9-15, demonstra o modo pelo qual Deus irá trazer juízo à cidade por causa da opressão estimulada pelos ricos. Ele está contemplando os atos do povo sobre as mentiras, a violência e a exploração contra os pobres. A segunda parte relaciona a cidade de Jerusalém com o contexto histórico vivenciado por Samaria, que já estava sob o cativeiro dos assírios. Para entender o contexto, deve-se analisar também o ambiente em que o oráculo de julgamento é copilado, sobretudo, para ter conhecimento de que o profeta Miqueias é um homem rural, como diz Schmidt (1994, p. 212): "Miqueias decerto atua na capital (3.9ss), porém, é oriundo do interior, de Moresete-Gat (1,14; Jr 26,17s) na região montanhosa de Judá"; assim, sua concepção de justiça é diferente de todos os demais profetas de Jerusalém; ele aponta, no texto, a realidade encontrada na cidade, com o olhar do agricultor, o olhar do povo da terra que está sendo oprimido pelos ricos. O contexto de Miqueias era de abusos socioeconômicos, como diz Rossi:

> Sua mensagem profética, devido a sua origem humilde por nascer na aldeia de Moresete, foi contra os abusos socioeconômicos. A situação dos moradores da aldeia era marcada pela opressão e violência por parte dos governantes de Jerusalém. Uma situação que a seus olhos parecia a mesma de Samaria e que, por isso mesmo, merecia igual juízo de Deus (1,2-9). Miqueias, por estar com os moradores, viu de perto homens gananciosos desapropriando o pobre (2,1-9); os governantes revestidos de corrupção, praticando injustiças e a enorme crueldade opressora (3.1-3,9-11) e, se não bastasse, o clero permanecia calado, temendo por suas vidas (3.5,11) (ROSSI, 2013, p. 96).

Rossi (2013) neste ponto aborda o contexto histórico e socioeconômico que envolve Miqueias e revela as opressões derivadas das transformações sociais, o enriquecimento de grupos urbanos da capital em Jerusalém, os quais provocavam uma situação de empobrecimento das comunidades rurais. Essas mudanças sociais presentes no século VIII a.C. irão provocar mudanças significativas nas relações e na segregação das pessoas, sobretudo pela opressão dos agricultores. Isso faz com que o profeta do povo denuncie as ações pecaminosas de Jerusalém e também de Samaria.

> Miqueias 6,9-16 enfatiza novamente os pecados de Jerusalém (ou Samaria), ou podemos afirmar que as duas cidades estavam envolvidas no mesmo processo de acusação, pois, no seio de suas administrações, abrigavam o enriquecimento injusto, as fraudes de pesos e medidas, além da prática da violência e a falsidade (ROSSI, 2013, p. 111).

A profecia relaciona as duas principais cidades de Israel que estão envolvidas com as mesmas práticas de opressão do povo, sendo que, nos v. 9 ao 12, são apresentados os motivos pelos quais estão sendo julgadas. Suas posturas, suas práticas de violência, a corrupção, as mentiras e enganos são apontados como fatores principais do juízo de Deus sobre a cidade.

Lopes afirma que "Miqueias profetizou num período de declínio do Reino do Norte e de grandes tensões políticas e religiosas do Reino do Sul" (LOPES, 2010, p. 17), levando também ao desenvolvimento de novas situações de transformações sociais e opressões. Sturz (2006), por sua vez, descreve a situação conflituosa entre as classes emergentes que desenvolveram uma relação de exploração do povo rural, sobretudo as transformações econômicas:

> Aquele era um tempo de rápidas transformações sociais, em que ocorriam profundas alterações na estrutura econômica de Judá. Estava surgindo uma nova classe de comerciantes e proprietários de terras, que lançavam mão de expedientes legais para enriquecer à custa dos que haviam sido tirados das áreas rurais e assentados nas zonas urbanas, tanto os líderes civis quanto os religiosos se uniram a essa classe de novos ricos para obter o que pudessem para si mesmos (STURZ, 2006, p. 153).

Peisker (2006), ao apresentar os aspectos de opressão presentes no texto de Miqueias, propõe uma divisão diferente e separa a perícope do texto em dois momentos: "os pecados de Judá" (6,9-12) e "a promessa de castigo" (6,13-16). E afirma:

> Nesta subdivisão, Miqueias anuncia que Deus está pronto a falar uma palavra urgente e final com seu povo impenitente. O profeta aconselha os habitantes de Jerusalém, sobretudo os líderes da cidade, a prestarem muita atenção no que o Senhor tem a lhes dizer (PEISKER, 2006, p. 193).

Assim, Deus chama a atenção de todos para a exortação ao juízo que virá eminente e sem precedentes sobre os ricos, especialmente como resultado do despotismo desenvolvido com o passar do tempo; uma sentença sobre os pecados cometidos contra os pobres da terra.

## RICOS E POBRES

Comblin (2006) faz alguns apontamentos sobre a imagem do julgamento dos ricos que foi desenvolvida no texto de Mq 6,9-16. Ele mostra "a cena do julgamento continua, nos v. 9-12; os crimes de ganância e injustiça por parte de Israel são tornados públicos (cf. 2,1-3; 3,11); os v. 13-16 pronunciam a sentença contra o réu" (COMBLIN, 2006, p. 134). Os textos de Miqueias abordam o conflito entre as classes sociais em Judá, evidenciando no texto o chamado divino para um julgamento, principalmente contra a cidade de Jerusalém e os ricos nela contidos, como relata Lopes:

> Miqueias era um homem do campo, procedente de uma pequena vila. Longe de ficar acanhado nos grandes centros urbanos de Samaria e Jerusalém, fez um diagnóstico preciso da maldade dessas cidades e ergueu a voz para denunciar o fato (1,5; 5,11; 6,9). As cidades, como centros nevrálgicos do poder político, econômico, judiciário e religioso, estavam entregues à violência e à corrupção (LOPES, 2009, p. 27).

Isso torna evidente que o julgamento divino é provocado, principalmente, pela corrupção desenvolvida pelos ricos, que se afastam dos mandamentos divinos e seguem um caminho de ganância e de busca pelas riquezas, e que exploram, oprimem, provocando violência e depravação na sociedade.

Esses novos ricos opressores pertenciam a uma nova classe emergente que era governada pelo Império Assírio, na segunda metade do século VIII a.C.; período em que se desenvolveram importantes mudanças em todo o império. Zabatiero (2008) relata duas importantes mudanças vivenciadas por Judá: "Uma forte presença cultural estrangeira, que contribuía para a perda da identidade religiosa do país... A exigência de tributo adicional ao já exigido pela monarquia judaíta" (ZABATIERO, 2008, p. 14).

Esses fatores de mudanças contribuíram para que o ambiente estivesse propício para o conflito entre os pobres e os ricos. Neste contexto a exploração e injustiça se tornaram uma realidade em Judá, tudo isso para que se pudesse pagar os tributos ao Império Assírio e sustentar a corte dos ricos de Jerusalém; os pobres eram explorados cada dia, enquanto os ricos tomavam posses das suas terras. Maillot (1980, p. 153) menciona que "as cidades tinham se tornando os lugares geométricos da injustiça. Nelas se concentrava o pecado: esses pecados são ganância, egoísmo, injustiça, mentira, falsidade, engano, desprezo, violência".

Como penalidade por seus atos, Deus profere um juízo sobre toda Jerusalém: "Eu, também, comecei a golpear-te, a devastar-te por causa de teus pecados" (Mq 6,12). As consequências serão devastadoras da parte de Deus, principalmente sobre as causas sociais. Ele mandará um castigo que envolverá fome e sede para o povo. Sobre a fome é possível ler em Mq 6,14: "Tu comerás, mas não te saciarás, colocarás à parte, mas não poderás salvar; e o que salvares, eu entregarei à espada". A bênção da satisfação, de poder se alegrar por ter alimentação, não será mais experimentada por causa da atitude de opressão aos pobres. Agora os opressores ricos não obterão mais satisfação, estarão sempre insatisfeitos. A respeito da sede se lê em Mq 6,15: "Tu semearás, mas não poderás colher, pisarás a azeitona, mas não te ungirás com o óleo, o mosto, mas não beberás o vinho". Trata-se dos ricos usando indevidamente as terras dos pobres; as colheitas não serão abençoadas, o castigo divino fará com que os frutos não sejam colhidos; o pecado da idolatria dos ricos para com o dinheiro será penalizado, assim como aconteceu a Samaria.

## CONCLUSÃO

O julgamento dos ricos mostra aspectos do pecado humano como a ganância, a mentira, a violência e a opressão aos pobres, o que os leva para longe de Deus, sendo uma afronta ao próprio Deus, que julga todas as nossas atitudes.

## REFERÊNCIAS

BÍBLIA DE JERUSALÉM. Português. São Paulo: Paulus, 1992.

COMBLIN, Joseph. *Comentário bíblico*. São Paulo: Loyola, 2006.

LOPES, Hernandes Dias. *Miqueias*: a justiça e a misericórdia de Deus. São Paulo: Hagnos, 2010.

MAILLOT, Alphonse; LELIÈVRE, Andre. *Atualidade de Miqueias*: um grande profeta menor. São Paulo: Paulinas, 1980.

PEISKER, A. D.; WILLIAMSON, G. B. *Comentário bíblico Beacon*. Rio de Janeiro: CPAD. 2006. v. 9.

ROSSI, Luiz Alexandre Solano; ERDOS, Ivanilza Belmiro. O discurso profético de Miqueias em meio à violência e opressão e sua relevância para a atualidade. *Estudos de Religião*, v. 27, n. 2, p. 94-113, 2013.

_____. Os agentes da violência e suas formas de opressão em Miqueias. *Estudos Teológicos*, v. 53, n. 2, p. 325-337, 2013a.

SCHMIDT, Werner H. *Introdução ao Antigo Testamento*. São Leopoldo: Sinodal, 1994.

SCHÖKEL, Luiz A.; DIAZ, José Luis S. *Profetas II*: Ezequiel, Doze profetas menores – Daniel – Baruc – Carta de Jeremias. São Paulo: Paulinas, 1991.

STURZ, Richard J. *Obadias, Jonas, Miqueias, Naum, Habacuque e Sofonias*. São Paulo: Vida Nova, 2006.

VICENTE, Daniel. Conflito político e teológico: judeus e samaritanos. *Sociedade e Cultura*, Curitiba, v. 1, n. 1, p. 15, jan./jun. 2015.

ZABATIERO, Júlio Paulo Tavares. *Miqueias*: voz dos sem-terra. São Paulo: Loyola, 2008.

Impresso na gráfica da
Pia Sociedade Filhas de São Paulo
Via Raposo Tavares, km 19,145
05577-300 - São Paulo, SP - Brasil - 2016